Marketing Instagram 2021: La Guía Práctica & Los Secretos Para Ganar Seguidores, Convertirte En Influencer, Crear Un Negocio & Marca Personal & Dominar La Publicidad Para Redes Sociales

Por Brandon's Business Guides

Índice

Introducción 1

SECCIÓN 01: ENTENDIENDO INSTAGRAM 7

Capítulo 01: Lo Que Necesitas Saber Antes De Comenzar 8

Una Mejor Comprensión De Las Redes Sociales 10

La Historia Y El Crecimiento De Instagram 12

Cómo Funciona Instagram 14

El Algoritmo De Instagram 16

Capítulo 02: Lo Que Te motiva 22

¿Por Qué Usar Instagram? 23

Configuración De Objetivos De Instagram 25

Apégate A Lo Que Crees 31

SECCIÓN 02: CUENTA DE INSTAGRAM 34

Capítulo 03: Primero, Necesitas Un Nicho 35

Por Qué Definir Un Nicho Es Tan Importante 35

Nichos De Instagram 37

Cuentas Famosas De Instagram En Varios Nichos 42

Cómo Elegir Tu nicho De La Manera Correcta 45

Capítulo 04: ¿Conoces A Tu Audiencia Ideal? 51

Estadísticas De Usuarios De Instagram Que Debes Conocer 52

¿Deberías Prestar Atención Y Aprovechar A Tus Competidores De Instagram? 54

Dirígete A Tu Audiencia 57

Capítulo 05: Colocando una Marca a tu cuenta de Instagram 62

Creando Una Cuenta 62

Consejos Para Configurar Tu Perfil 64

Cómo Construir Una Marcar En Instagram 70

SECCIÓN 03: CREACIÓN DE CONTENIDO EN INSTAGRAM 80

Capítulo 06: El Plan De Contenido 81

Quédate En Tu Nicho 82

Revisa Lo Que Otros Están Haciendo 83

Obtener inspiración 84

Publicaciones De Instagram 86

Concéntrate En Tu Tema Y Estilo Visual 89

Subtítulos De Instagram 91

Mejores Prácticas Para Escribir Subtítulos De Instagram 93

Hashtags En Abundancia 97

Las Mejores Prácticas Para Elegir Hashtags 99

Planifica Tus Publicaciones 101

Herramientas Para Planificar Y Programar Tus Publicaciones 102

Capítulo 07: Tomar fotos geniales para tu cuenta de Instagram 106

¿Qué Equipo Especial Toma Fotos Geniales Para Instagram? 107

Capturando Momentos 112

Una Configuración Para Tomar Fotos Fijas 114

Uso De Filtros En Tus Imágenes 117

Aplicaciones De Edición De Fotos Para Hacer Que Tus Imágenes Sean Impresionantes 120

Guardar Borradores 122

Publicar Y Compartir Desde Dispositivos Móviles Y Computadoras De Escritorio 123

Curar Y Volver A Publicar Contenido De Otras Cuentas De Instagram 125

Capítulo 08: Crea Videos Increíbles Para Instagram .129

Historias De Instagram 130

El Mejor Contenido Para Historias De Instagram 133

Trucos Y Trucos Para Tus Historias De Instagram 135

IGTV 136

Tipos De Contenido Que Funcionan Bien En IGTV 139

Consejos Para Hacer De Tu IGTV Un Éxito 140

Transmisión En Vivo En Instagram 143

Reels 144

SECCIÓN 04: GESTIÓN DE TU CUENTA DE INSTAGRAM 146

Capítulo 9 - Las Mejores Prácticas Para Administrar Una Cuenta De Instagram 147

Desarrolla Una Lista Diaria De Tareas Pendientes 147

Analiza Tu Instagram 148

Lidia Con Los Haters 150

Herramientas Para Administrar Tu Cuenta 154

Capítulo 10: Ganar Seguidores 155

Capítulo 11: Uso De Instagram Para Negocios 160

¿Deberías Contratar A Un Administrador De Redes Sociales O Trabajar Con Una Agencia?.. *162*

SECCIÓN 05: MONETIZACIÓN DE TU INSTAGRAM ...166

Capítulo 12: Ganar Dinero Con Instagram 167

Conclusión 170

RECURSOS 172

Introducción

La mayoría de la gente asocia Instagram con fotos lujosas y animales lindos. Cuando pienso en Instagram, yo veo una oportunidad sin explotar: una mina de oro que cualquiera puede aprovechar para ganar fama, influencia y éxito. Si has elegido este libro con la intención de convertirte en un influencer de Instagram, un comercializador de redes sociales o hacer crecer tu marca, entonces estás en el lugar correcto.

Si bien Instagram es una plataforma de redes sociales mejor calificada para los adictos a los teléfonos inteligentes, también ha demostrado ser una excelente inversión para los comerciantes expertos y los propietarios de negocios. Me tomó un tiempo darme cuenta de esto. Una vez me di cuenta de que podía hacer crecer mi negocio aún más aprovechando esta plataforma, tomé la decisión de estudiar, experimentar y construir mi marca en la plataforma. Hasta ahora, ha arrojado resultados sobresalientes. Supongo que elegiste este libro porque estás buscando hacer algo similar, ya sea para una marca personal o comercial. Tal vez ni siquiera sea tu marca la que deseas ayudar a construir. Tanto los empleados como los empresarios pueden beneficiarse de las estrategias contenidas en este manual de Instagram.

La intención aquí es compartir todos los secretos que he aprendido para que puedas evitar cometer algunos de los errores que cometen los nuevos especialistas en marketing. Errores que cometí al configurar mi cuenta.

Instagram tiene mucho potencial, pero requiere un buen plan. Debes conocer los pasos correctos a seguir para pasar de una cuenta promedio que publica imágenes bonitas al azar a una cuenta comercial épica que genera ingresos.

Desafortunadamente, hay mucha desinformación abrumadora en torno al tema del marketing de Instagram. Cuando recién estás comenzando, es difícil saber cuáles deben ser esos pasos iniciales y dónde debes concentrar tu tiempo, energía y recursos.

Si intentas copiar a los mega influencers que ya han invertido más de una década en la plataforma, fracasarás gravemente. La otra cosa a tener en cuenta es que tu ambición y deseo de tener seguidores con rapidez es noble, pero no sucederá en tu primer mes en el mercado. Al leer este libro e implementar todo lo que aprenderás, tu número de seguidores crecerá, pero tu enfoque debe cambiar de adquirir un gran número de seguidores a atraer una audiencia que resuene y se conecte con lo que tienes para ofrecer. Un error que muchas personas cometen es concentrarse en conseguir esa marca azul o convertirse en mega-influencers. Ese es el enfoque equivocado.

La mejor manera de tener éxito en Instagram es concentrarse en establecerse como alguien a quien vale la pena seguir. Necesitas construir tu reputación y dar a las personas la oportunidad de ver que eres auténtico, digno de confianza y que te preocupas por tu tribu.

Si consideras que más del 62% de los usuarios de Instagram dicen que se han interesado más en una marca o producto después de verlo en Historias y al menos el 80% de los usuarios siguen una empresa, yo diría que es vital establecer tu marca en el camino correcto.

Entonces, comencemos por eliminar algunos de los errores comunes que generalmente hacen que las marcas fallen en la plataforma:

#1: Evita comenzar tu viaje de Instagram sin un objetivo y una estrategia clara ya establecida.
Esto debería ser Instagram 101, pero la mayoría de los influencers y las empresas emergentes a menudo lo omiten. Si no comienzas con una estrategia, no tienes una base sólida. Sin metas, objetivos ni un plan claro, podrías terminar desperdiciando oportunidades y perdiendo moral porque no ves la tracción lo suficientemente rápido y, como la mayoría de las personas, concluirás que Instagram no funciona. No te preocupes si ya te has rendido con las estrategias porque este manual te brinda una guía sobre cómo crear una ahora.

#2: Evita usar una cuenta personal y privada.

Al tener una cuenta privada o una cuenta personal, no tendrás acceso a muchas de las maravillosas funciones que ofrece Instagram. También perderás seguidores porque la mayoría de los nuevos seguidores se mantienen alejados de un perfil de Instagram con el icono "Privado".

#3: Centrase en la cantidad en lugar de la calidad es otro error que hay que evitar a toda costa.

Encontrarás muchos recordatorios a lo largo de este libro que enfatizan la importancia de la calidad y el servicio a tu audiencia. Así ha sido diseñado. Verás, después de deambular en Instagram durante unos cuantos años, finalmente comencé a generar ingresos con mis esfuerzos. Puedo recordar la primera vez que gané $10.000 en un solo mes con mi campaña de Instagram. El cambio que había hecho unos meses antes era bastante simple, pero me llevó a este tremendo crecimiento de ingresos. ¿Cuál fue el cambio? Dejé de enfocarme en cómo publicar por volumen y descarté por completo la idea de comprar seguidores para que mi cuenta pudiera parecer que tenía una gran base de seguidores. En cambio, concentré toda mi energía en producir contenido útil e inspirador.

Claro, esto no significa que no puedas publicar varias veces al día. Lo que quiero que entiendas es que la calidad nunca debe verse comprometida por la cantidad.

#4: Evita la tentación de comprar seguidores.
Debo admitir que, al comenzar desde cero, esta opción suena atractiva para cualquier emprendedor o influencer ambicioso. Yo también casi caigo en eso. Pero después de observar cómo algunos de mis amigos estaban creciendo luego de comprar miles de seguidores por unos pocos dólares, me di cuenta de que no era un enfoque que me convenía. En última instancia, esta tendrá que ser una decisión personal. Creo que conseguir seguidores reales que amen tu contenido vale mucho más que cualquier percepción que millones de seguidores comprados puedan dar a tu cuenta.

#5: No hagas un mal uso de los hashtags.
Tendrás problemas con la credibilidad de tu marca y obstaculizará tu crecimiento. Lo último que quiero mencionar antes de pasar a la primera sección de este manual es que los hashtags son valiosos. Trátalos con respeto. Se estratégico sobre qué hashtags eliges usar. No te limites spamear tu contenido con hashtags de tendencias porque algún gurú dijo que podrías obtener tráfico gratis. Aunque Instagram permite hasta 30 hashtags por publicación, no rellenes tus subtítulos y oscurezcas la visión de tu marca con demasiados hashtags.

Más adelante hablaremos sobre esto en un capítulo. Por ahora, quiero que entiendas que Instagram es una plataforma que funciona mejor cuando la autenticidad y la calidad toman la iniciativa, así que elige sabiamente tus hashtags.

La mayoría de la gente asume que todo lo que se necesita para tener éxito en Instagram es publicar imágenes atractivas, pero el hecho es que este es un negocio serio. Debes tratar Instagram como un negocio real si deseas que te brinde un buen retorno de inversión. Entonces, antes de comenzar, hagámonos una promesa. Si te comprometes con este viaje y a tratar el marketing de Instagram con el mismo nivel de dedicación y persistencia que con cualquier proyecto de desarrollo empresarial, prometo brindarte todas las herramientas, trucos y estrategias que necesitas para tener éxito.

SECCIÓN 01: ENTENDIENDO INSTAGRAM

Capítulo 01: Lo Que Necesitas Saber Antes De Comenzar

Instagram tiene más de mil millones de usuarios mensuales y más de 500 millones de personas usan Historias de Instagram a diario. ¿Sabías eso? Quiero decir, esos son números enormes para una red social simple de intercambio de imágenes. La mejor parte es que puedes encontrar tanto una audiencia masculina como una femenina pasando el rato en Instagram, por lo que, si estás sirviendo a un pequeño nicho de hombres o una audiencia considerable de madres que se quedan en casa, puedes generar una atención saludable en esta plataforma. Si esos hechos aún no te han emocionado, aquí hay algunas estadísticas recientes sobre Instagram acerca del comportamiento empresarial y de los usuarios:

• Un tercio de las historias más vistas en Instagram son de empresas.

• Al menos el 63% de los usuarios de Instagram inician sesión en la plataforma una vez al día y el 42% lo hace varias veces. Eso significa que, siempre que conozcas a tu audiencia y los mejores momentos para publicar, tu contenido puede percibir una gran participación.

• 200 millones de usuarios dicen que visitan al menos un perfil comercial a diario. Al configurar tu perfil de la manera adecuada, tu negocio podría ser el próximo que visiten.

• Para las marcas que buscan servir a la audiencia de EE.UU. Instagram es una mina de oro, un 11% de los usuarios estadounidenses informan que su principal razón para usar la plataforma es comprar o encontrar nuevos productos. El ciclo del comprador tiende a ser más temprano en el viaje de compras, así que tenlo en cuenta al planificar tus campañas.

• A los especialistas en marketing de EE.UU. les encanta gastar su presupuesto en marketing de influencers, especialmente en esta plataforma. El 69% tiene presupuesto para invertir en influencers de Instagram. Esa es una cifra mayor que las oportunidades de marketing de influencers de YouTube.

• Las marcas pagan (en promedio) entre $100 y $ 2.085 para que los influencers publiquen en su Feed o en las Historias de Instagram. Entonces, si eres un influencer, anímate porque hablaremos más sobre esta oportunidad de generar ingresos.

Si estás empezando a ver la oportunidad que se avecina, entonces me alegro. Instagram y las redes sociales en general podrían ser la clave que falta para desbloquear el estilo de vida de tus sueños. Antes de que te arremangues y comiences a buscar el oro que te espera, me gustaría brindarte una descripción general del poder de las redes sociales y por qué son un vehículo tan poderoso para las ventas y el marketing.

Una Mejor Comprensión De Las Redes Sociales

Para comprender las redes sociales y ganar en Instagram, debes comprender la psicología humana. Somos criaturas sociales. Está en nuestro ADN reunirnos, compartir, intercambiar y construir conexiones a través de reuniones sociales. La ciencia moderna ha demostrado la importancia y el beneficio tanto mental como físico al fomentar las conexiones sociales. Desde la llegada de Internet, hemos tomado este deseo innato que ha estado ocurriendo desde nuestros años como gente de las cavernas y se ha convertido en un hábito diario que se lleva a cabo a través de la tecnología y nuestros teléfonos inteligentes. Las plataformas de redes sociales no solo están de moda; se han convertido en una nueva forma de vida.

Gracias a las redes sociales, podemos conocer gente nueva, mantenernos en contacto con amigos y familiares que viven lejos y cerca. Podemos conectarnos con personas de ideas afines que comparten los mismos valores y creencias que tenemos sin importar la ubicación. Podemos expresar libremente nuestras opiniones sobre cualquier tema (solo recuerda lo locas que fueron las últimas elecciones presidenciales de Estados Unidos en Internet, y comprenderás el poder de las redes sociales). Podría seguir mencionando el impacto de las redes sociales en nuestro mundo moderno, pero creo que lo entiendes. La mejor parte es que empresas de todos los tamaños, incluidas las nuevas empresas, también se han dado cuenta de esta verdad. Los emprendedores inteligentes han entrado en escena a través de las principales redes sociales, incluyendo YouTube, Facebook, Instagram, Twitter, LinkedIn y otras con la intención de aprovechar estas plataformas.

Nunca ha sido más fácil para alguien independiente en cualquier industria construir una marca, compartir un mensaje e impactar la vida de millones de personas. Y tú también tienes el poder de hacerlo, independientemente de tu presupuesto, experiencia, edad, origen étnico o ubicación. Lo que me encanta de las redes sociales es que tienes en tu mano el poder de impactar a los demás, expresar tu verdad auténtica y ganar un buen dinero en el proceso.

El viaje y la historia de las redes sociales ha sido largo. En la página de recursos, he incluido un artículo que podría ser una lectura emocionante para aquellos interesados en aprender los primeros años de las redes sociales en conjunto.

En este libro nuestro enfoque está en Instagram, pero te animo a que obtengas algunos de mis otros libros, como el Manual de YouTube si quieres dominar más de una plataforma de redes sociales.

La Historia Y El Crecimiento De Instagram

Las 'selfies' se han convertido en un comportamiento obsesivo y adictivo en nuestra sociedad, pero ¿quién puede culpar a estos chicos y chicas semidesnudos a los que les gusta lucir sus imágenes perfectas en Instagram? Quiero decir, después de todo, siempre hemos tenido debilidad por las fotografías. Incluso antes de ser una civilización, dibujábamos pinturas en las paredes. Claramente, los elementos visuales nos resultan muy atractivos. Antes de octubre de 2010, cuando se lanzó Instagram, compartir imágenes era bastante engorroso. Instagram entró en escena para cambiar la forma en que nos conectamos y compartimos a través del contenido visual. En 2012, Facebook dio el salto y compró la aplicación para compartir imágenes y, desde entonces, ha ido creciendo tanto en popularidad como en estilo.

Los fundadores de Instagram tenían la intención de crear una aplicación que creara una conexión y animara a la gente. Entonces, por ejemplo, si tuvieras un amigo al otro lado del mundo congelado en el frío del invierno y soñando con una hermosa puesta de sol de verano, podrías tomar una foto instantánea de tu entorno y enviársela de inmediato a tu amigo. Kevin Systrom fue el sujeto que comenzó a trabajar en lo que se convertiría en Instagram tal como lo conocemos hoy. Kevin no tenía ningún entrenamiento formal, pero aprendió a programar durante su tiempo libre (fines de semana y después del trabajo). Después de conocer a Mike Kreiger, el proyecto paralelo se convirtió en Instagram.

El primer intento fue realizado únicamente por Systrom como Burbn, que no tuvo el éxito que esperaba. Para cuando Kreiger se incorporó, Burbn se estaba utilizando principalmente para compartir fotos. A la gente le encantaba compartir fotos de café, de perros, selfies en el baño y demás. Después de mucha investigación, decidieron transformar Burbn en Scotch (¡historia real! Y sí, obviamente disfrutaron dar a sus proyectos nombres de licores). Desafortunadamente, Scotch estaba lleno de errores y los efectos secundarios no fueron tan agradables, por lo que los fundadores siguieron probando hasta que finalmente se lanzó Instagram en octubre de 2010. Ese primer día de lanzamiento, la aplicación de Instagram tuvo veinticinco mil usuarios y seguía creciendo.

En tres meses, llegaron a un millón de usuarios y el resto, como dicen, es desde entonces una historia de éxito, como saben, Mark Zuckerberg compró Instagram por mil millones de dólares en abril de 2012.

Lo fascinante de Instagram es que su simplicidad y capacidad para hacer que una imagen ordinaria parezca extraordinaria es la salsa secreta detrás de su éxito. Apóyate en este deseo innato de elementos visuales atractivos y crearás una audiencia decente en Instagram para alcanzar tus objetivos.

La gente usa Instagram como un lugar para conectarse, inspirarse y compartir sus sentimientos. Recientemente, comenzaron a confiar en Instagram para conectarse con nuevas marcas y descubrir nuevos productos de sus marcas favoritas. También he observado que a los usuarios de Instagram les encanta usar la aplicación como una forma de escapar de sus realidades cotidianas, mundanas o quizás estresantes. Es por eso que encontrarás una participación e interacción alocada en nichos particulares, especialmente en viajes. Pero hablaremos más sobre nichos y cómo impulsar la participación en un próximo capítulo.

Ahora que comprendes un poco de la historia de Instagram, la psicología del usuario y la intención de la aplicación, hablemos de cómo funciona.

Cómo Funciona Instagram

Instagram es gratis para configurar una cuenta y usarla. Funciona en todos los iPhones, iPads, dispositivos Android y tabletas de Samsung, Google y otros. Aunque se puede acceder desde una computadora de escritorio o portátil, está diseñado para ser una aplicación móvil. Como dije antes, esta es una de las redes sociales más populares, tanto entre adolescentes como adultos. Puedes tomar una foto estándar y hacer cosas como aplicar filtros, ajustar el brillo, superposición de colores y algunas otras cosas técnicas. También puedes crear videos cortos para publicar en tu Feed, IGTV o Historias de Instagram, las cuales discutiremos en profundidad.

El primer paso que debes dar es descargar la aplicación en tu teléfono inteligente y registrarte para que puedas seguir los pasos con facilidad a medida que cada capítulo desarrolla nuevas estrategias a implementar. Una vez que te hayas registrado, obtendrás una cuenta personal, que luego se puede ajustar a una cuenta comercial o creativa. Si tienes una cuenta de Facebook, te animo a que la vincules una vez que hayas terminado con el registro. Eso te permitirá aprovechar la función de mensajería cruzada que Instagram lanzó recientemente. Luego, deberás completar la información de tu biografía, agregar una foto de perfil y personalizar algunas otras cosas que profundizaremos en un momento.

Cada vez que abras la aplicación en tu teléfono, actualizarás automáticamente tu Feed principal y el algoritmo llenará tu pantalla con contenido de las cuentas en las que has mostrado interés. En la parte inferior de la aplicación debe haber una barra de menú con las pestañas Inicio, Explorar, Reels, Tienda de Instagram y Perfil para ayudarte a navegar por tu cuenta.

En la parte superior derecha, tendrás acceso a la cámara (icono de cámara), los mensajes directos (icono de mensajes) y la actividad en la que puedes ver los me gusta y los comentarios. Ahora bien, puedes usar ese mismo botón en la parte superior de la pestaña Inicio para crear una publicación, una historia o un Reel.

Desde el Feed de tu perfil personal, verás en la esquina superior derecha un signo más (+) que te permite crear una publicación, una historia, lo más destacado de una historia, un video IGTV, un Reel o una guía. También hay un menú contraído que se expande al hacer clic en el ícono de las tres barras paralelas. Aquí encontrarás Configuración, Archivo, Ideas, Tu actividad, Código QR, Guardado, Mejores Amigos y Descubrir personas.

Hablando del algoritmo que llena tu Feed, compartamos lo que se conoce sobre el algoritmo de Instagram.

El Algoritmo De Instagram

Al principio, se te animará a seguir cuentas para que el algoritmo pueda aprender lo que te interesa. También continuará monitoreando tu actividad en segundo plano para averiguar con qué contenido estás interactuando. En poco tiempo, comenzarás a ver contenido nuevo de las cuentas con las que más interactúas. Esa es la misma experiencia que todos los usuarios tienen en la plataforma. Por lo tanto, lo que sabemos con certeza en base a la observación y lo que el equipo de Instagram ha compartido es que el algoritmo priorizará qué contenido mostrar primero en función de la relación asumida. ¿Qué quiero decir?

Una ilustración lo explicará mejor. Supongamos que tienes un amigo y siempre estás comentando sus publicaciones o te siguen etiquetando en su contenido. Es probable que siempre veas lo que publica porque Instagram llenará tu Feed con más contenido. El algoritmo asume que esta interacción implica que estás categorizando esta cuenta como "amigos y familiares". En teoría, cuanto más interactúes con una cuenta, incluso si odias esa cuenta y estás publicando comentarios de odio, más verás su contenido en tu Feed.

Ahora dale la vuelta y piensa en tu audiencia. Cuanto más interactúen y participen con tu contenido cada vez que publicas, es más probable que sigan viendo tu contenido en sus Feed.

El algoritmo utiliza señales como:

- Mensajes directos.
- Personas buscadas.
- Hashtags utilizados.

Estas actividades le indican al algoritmo que el usuario desea interactuar más con la cuenta en la que participa con frecuencia. Basado en ese patrón de comportamiento, el algoritmo llena el Feed con más contenido de esas cuentas.

También sabemos por el equipo de Instagram que, además de las relaciones, se centran en la puntualidad, el interés, la frecuencia, el uso y el seguimiento para determinar qué contenido clasificar en el Feed del usuario. Analicemos cada uno de estos un poco más:

• **Puntualidad**: Simplemente significa que Instagram quiere mostrar contenido nuevo. Por lo tanto, es posible que algo de la semana pasada no aparezca en el Feed de un usuario porque se percibe como desactualizado. Cada vez que un usuario vuelve a iniciar sesión en su Feed, Instagram quiere mostrarles el mejor y más reciente contenido que se publicó desde su última visita. Lo que conduce a nuestra próxima micro-señal.

• **Frecuencia**: Cuando se trata de frecuencia, se trata de mostrar al usuario la mayor cantidad posible del mejor y más relevante contenido. El algoritmo intenta mostrar al usuario que acaba de iniciar sesión lo mejor de lo que se ha perdido desde su última visita. Por lo tanto, si tu usuario inicia sesión a diario o incluso varias veces al día y solo publica una vez a la semana, es posible que termines perdiendo esa conexión porque Instagram no tendrá nada nuevo que mostrar, y eso conducirá a una menor participación.

- **Interés**: Esto implica que el orden en el que un usuario verá el contenido en su Feed está determinado por lo que el algoritmo cree que será de mayor interés para la persona. Por lo tanto, cuanto más relevante e interesante sea un contenido para un usuario en particular, más alto se clasificará en el Feed. El algoritmo utiliza tecnologías de reconocimiento de fotos, hashtags y la copia en la publicación para categorizarla y clasificarla.

- **Seguimiento**: Esto implica que el algoritmo clasifica todas las cuentas que sigue un usuario para determinar qué mostrarle cuando se abre la aplicación. Por supuesto, cuantas más cuentas siga un usuario mayor será la competencia porque el algoritmo solo puede seleccionar unas pocas cuentas. Este recurrirá a los principales criterios de relación, es decir, amigos, familiares y cuentas favoritas.

- **Uso**: El algoritmo monitoreará el tiempo dedicado en la aplicación. Algunas personas inician sesión varias veces al día durante períodos cortos. A otros les gusta desplazarse en exceso por el Feed durante largas sesiones todos los días. Dependiendo del caso de uso particular, el algoritmo da prioridad y ordena el contenido desde la más alta prioridad para mejorar la experiencia del usuario. Por ende, si tu contenido no es lo suficientemente atractivo y relevante según los criterios del algoritmo, es posible que nunca aparezca en los Feeds de tus seguidores. Por eso es de suma importancia adentrarse en este juego de Instagram con la intención de brindar contenido de calidad. Tus publicaciones deben ser lo suficientemente claras para que el algoritmo las interprete de manera adecuada. Deben estar dirigidas a la audiencia adecuada y lo suficientemente interesantes para el usuario final.

Cómo Aprovechar El Algoritmo Y Las Funciones De Instagram Para Hacer Crecer Tu Marca Y Tu Negocio

Al aprender cómo el algoritmo clasifica el contenido, creo que puedes crear una ventaja porque puedes comprometerte a producir contenido que te genere confianza. Luego depende de ti poner un poco de esfuerzo y creatividad para que tus seguidores puedan interactuar más contigo de manera que Instagram pueda categorizar tu cuenta como una de alta prioridad. ¿Cómo haces esto? Hay muchas formas de construir esa relación, y aprenderás trucos y sobre los tipos de contenido a medida que se desarrolla el libro. Algunos ejemplos incluyen crear mensajes de video e iniciar video llamadas para tus seguidores. Creando Historias divertidas y haciéndolas interactivas agregando una etiqueta de pregunta. También puedes compartir videos editados más largos con IGTV. Una característica interesante que muchos propietarios de negocios están usando hoy en día es el código QR. Es una excelente manera de unir el mundo en línea y fuera de línea, especialmente si ya tienes un negocio fuera de línea existente. Por ejemplo, si tienes una panadería, alguien puede venir a comprar pan fresco y, antes de irse, puedes pedirle que escanee el código QR que lleva a tu página de Instagram. O puedes enviarlo fácilmente como un mensaje de texto a su número o dirección de correo electrónico. Es una excelente manera de obtener más seguidores, me gusta, mensajes directos e incluso ventas porque puedes enviarles promociones después de que se hayan ido.

¿Quieres Tu Propio Código QR?

Se solía crear un código QR desde Google o contratando a alguien para que lo hiciera por ti. Sin embargo, una actualización que acaba de pasar Instagram hace que tu capacidad de tener un código QR sea muy fácil. Simplemente abre tu aplicación de Instagram y dirígete a tu perfil principal. En la esquina superior derecha, verás el icono de menú (tres líneas paralelas). Haz clic para abrir una lista de opciones, incluyendo tu código QR incorporado.

A mí me encanta esta nueva función porque incluso puedes personalizar la apariencia y la sensación de fondo de tu código QR tomando una selfie que Instagram adjunta automáticamente. También puedes compartir el código QR directamente desde la aplicación a WhatsApp, Mensajes, E-mail, Facebook, LinkedIn y mucho más.

Capítulo 02: Lo Que Te motiva

Instagram es una de las mejores plataformas sociales para hacer crecer tu marca y realizar ventas, incluso si eres un principiante en el marketing online. Pero aclaremos algo, igual será un trayecto complicado. Deberás poner un gran esfuerzo para generar suficiente impulso a tu cuenta. Es por eso que necesitas conectarte con tu motivo para comenzar en este camino. Si no tienes claro por qué estás haciendo esto y qué te motiva, la falta de compromiso y el crecimiento que se producirán en las primeras fases de tu viaje harán que te rindas demasiado pronto.

A menudo, verás informes de marcas pequeñas y grandes mostrando con cuanta rapidez crecieron en una red social o qué tan loco fue su retorno de inversión para una campaña de redes sociales en particular. Es fácil asumir que te sucederá lo mismo. Lamento reventar tu burbuja, pero no será así.

No vas a pasar de cero a ser famoso en Instagram en unas semanas o meses. Si por esa razón escogiste este libro, entonces necesitas encontrar ese tipo de mentalidad de "hacerse rico rápidamente" en otra parte. La realidad de hacer negocios es que rara vez se tiene ese golpe de suerte y se experimentan milagros comerciales. La regla general es la rutina lenta y la acumulación de lo que eventualmente se convertirá en un gran éxito. Por lo tanto, abróchate el cinturón y aférrate a lo que te motiva. Algunas personas están motivadas por sus objetivos comerciales. A otros les preocupa cambiar su estilo de vida o convertirse en personas influyentes en las redes sociales. Cualquiera que sea tu "PORQUE", conéctate con ello y mantén los pies en la tierra.

¿Por Qué Usar Instagram?

Otra pregunta que deberás responder es por qué estás eligiendo hacer crecer tu canal de Instagram. ¿Por qué no YouTube o LinkedIn? Date una respuesta clara a esto. Puedo compartir contigo por qué comencé a usar Instagram para comercializar mi negocio, y también tengo razones que me dieron mis compañeros y estudiantes de mis cursos en línea.

• Instagram es simple y fácil de usar. En comparación con otros canales, la simplicidad y la estética de las plataformas son muy atractivas para los usuarios finales. Eso me lleva a mi segundo punto.

• Instagram tiene serios niveles de participación. En comparación con otros canales como Facebook y Twitter, puedes ser una cuenta nueva y aun así lograr que la audiencia te descubra y le guste tu contenido. Para un emprendedor o una empresa nueva, este tipo de participación orgánica no tiene precio.

- Instagram es conocido por nutrir y lanzar influencers con éxito. Suponque sueñas con convertirte en un influencer de las redes sociales. En ese caso, Instagram es uno de los mejores lugares para construir tu audiencia. Las marcas ya conocen y presupuestan el marketing de influencers en 2021, y las audiencias interactúan más con influencers a los cuales conocen, les gustan y en quienes confían. Hacer una carrera lucrativa en Instagram es muy probable, incluso si eres una ama de casa o un artista con dificultades, y eso te llevará a una tremenda libertad financiera.

- Para los propietarios de negocios es más fácil Asociarse con influencers en Instagram. La otra cara de ese concepto de marketing de influencers es que, como propietarios de negocios y líderes de opinión, podemos poner nuestra cuenta rápidamente frente a una audiencia nueva y comprometida sin quebrar el banco. Hay diferentes niveles de influencers, cada uno con sus propias opciones de precios. Podrías gastar cero, unos pocos cientos de dólares o varios miles, según tu presupuesto y las relaciones que establezcas. Al hacerlo, dicho influencer puede promover tu marca, productos o servicios para llevar tus ventas a un nivel completamente diferente. Más sobre influencers y marketing de influencers más adelante.

- Puedes ganar dinero directamente desde Instagram. Como propietario de un negocio, los ingresos son extremadamente importantes para mí. Instagram es muy atractivo porque, a través de la ubicación de productos, podemos agregar etiquetas a los productos en nuestras fotos con enlaces que incluyen la descripción del producto, el precio y la posibilidad de "comprar ahora". Eso significa que un usuario puede pasar de Instagram a tu tienda en línea en segundos, lo que genera ventas. La mejor parte es que más del setenta por ciento de los usuarios informan que disfrutan comprando productos a través de las redes sociales. Entonces, ¿qué estás esperando? Empieza a planificar cómo atraer a las personas y dirigir el tráfico a tu página de pago.

Configuración De Objetivos De Instagram

Si has pasado suficiente tiempo en línea o has invertido en programas de desarrollo personal, entonces la idea de establecer metas no será un concepto nuevo. Sin un objetivo al cual apuntar, es difícil medir el progreso o incluso alcanzar algún nivel de éxito. Pensemos en ello de esta manera... Si te subes a tu auto y empiezas a conducir hacia el oeste, podrías estar conduciendo para siempre porque "oeste" podría llevarte a cualquier parte. Eventualmente, te quedarás sin gasolina, el auto se descompondrá o tú te cansarás y te rendirás sin ningún sentido de satisfacción.

Para experimentar el nivel de satisfacción y éxito que todos anhelamos, el establecimiento de metas es esencial en nuestra vida personal y profesional. Sin embargo, esta no es una sesión sobre logros personales y satisfacción, por lo que si todavía estás confundido acerca de por qué necesitas metas, te sugiero que obtengas el libro de un gurú como Jack Canfield, Brian Tracy, John Assaraf o uno esos gurús online que enseñan esas cosas. Para nuestro éxito en Instagram y el crecimiento de nuestra marca, establecer los objetivos correctos nos permitirá rastrear el progreso, monitorear el crecimiento y determinar qué funciona y qué no. Nos dará un sentido de dirección y un punto de enfoque esencial en el ruidoso mundo de las redes sociales. También nos permitirá disciplinarnos y evitar caer en el síndrome del objeto brillante que suele distraer a muchos especialistas en marketing de redes sociales.

Si No Tienes Idea De Cómo Establecer Tus Objetivos De Redes Sociales, Aquí Hay Algo Simple Que Puedes Seguir

Primero, quiero que determines y alinees tus objetivos de redes sociales con tus objetivos comerciales. Por ejemplo, tu objetivo comercial podría ser aumentar el conocimiento de la marca. En ese caso, un gran objetivo de las redes sociales puede ser aumentar el alcance. Coschedule creó una guía fantástica que puedes usar como referencia. Por conveniencia, comparto su esquema básico a continuación.

Aumentar las ventas en línea (objetivo comercial) puede alinearse con el seguimiento de conversiones de referencias sociales.

Impulsar la lealtad a la marca (objetivo comercial) puede alinearse con el seguimiento del número de nuevos suscriptores que provienen de Instagram.

Aumentar los ingresos de los nuevos productos lanzados (objetivo comercial) puede alinearse con el seguimiento de conversiones de campañas de productos de Instagram.

Esto es, por supuesto, solo una guía si ya tienes un negocio.

Lo segundo que debes hacer es establecer tus objetivos inteligentes, que sean específicos, mensurables, aspirados, relevantes y oportunos. ¿Cómo haces esto en Instagram? Definiendo claramente lo que quieres lograr dentro de un período de tiempo específico. Por ejemplo, si eres un entrenador personal que busca usar Instagram para adquirir nuevos clientes, entonces un gran objetivo que cumpla con estos requisitos sería: Convertir a diez consultas en 30 días publicando una vez al día en el Feed de Instagram y tres veces al día en Historias con un mensaje claro de llamada a la acción. Mi presupuesto de anuncios pagados es de $10 por día que ejecuta una campaña que redirige hacia mi página de inicio con el botón "reservar sesión gratuita ahora". Cuanto más detallado sea tu objetivo, mejor. Si estás más interesado en hacer crecer tu número de seguidores, entonces tu primer objetivo debería, por supuesto, reflejar eso.

Lo tercero que debes hacer aquí antes de completar el establecimiento de tus objetivos para Instagram es aclarar en qué tipo de objetivo te enfocarás para cumplir con ese objetivo comercial general. Este es el motivo. El marketing es profundo. Puedes crear una campaña para la marca o ventas, pero es raro que puedas acertar ambas correctamente. Desafortunadamente, pocas personas entienden la diferencia entre la marca y la venta, por lo que la mayoría del contenido de las redes sociales se considera spam.

Para ayudarte a destacar por las razones correctas, te animo a que tengas una combinación saludable de contenido de marca y ventas en tu Feed de Instagram. Tu estrategia de redes sociales debe incluir ambos aspectos porque diferentes personas interactuarán con tu cuenta en diferentes puntos de sus viajes de compras. Necesitas tanto la marca como la venta para prosperar, así que se creativo con esto.

Dado que te encuentras en las primeras etapas del desarrollo comercial en Instagram, debes tener un objetivo comercial principal con un objetivo de redes sociales que se alinee con ese objetivo. Luego, debes dividir aún más ese objetivo de redes sociales en etapas. Entonces, volviendo al ejemplo del entrenador personal. Debería dividir el objetivo de vender diez consultas más (especialmente si acaba de comenzar a construir su cuenta de Instagram) en etapas más pequeñas. Quizás pueda desglosarlo en cuántos seguidores necesitará y qué nivel de compromiso buscará antes de llevar a esa audiencia a la fase de pedirles que revisen su página de inicio y reserven una sesión. Luego, podría lograr objetivos de conversión y de marca, todo con el mismo objetivo general y conseguir diez consultas con nuevos clientes.

Recuerda, el mercadeo de la marca debe hacerse de manera consistente. Debería de estar centrado en dar. Los objetivos de la marca incluyen aumentar el número de seguidores, aumentar el alcance, los me gusta, los compartir, los comentarios, las menciones, los mensajes directos y los guardar. La mayor parte de esto ocurre de forma natural y durante un largo período de tiempo. Requerirá publicaciones diarias, mucha investigación y que averigües qué quiere tu audiencia y dónde están para que puedas interactuar con ellos y atraerlos a tu mundo. Si, por ejemplo, deseas hacer crecer tu cuenta a 100.000 seguidores en doce meses, eso se consideraría un objetivo de marca. Hay pasos de acción que debes seguir para que eso suceda. En Instagram valoramos mucho el nivel de participación. Cuantas más personas comenten, respondan a Historias con un chat, te envíen mensajes directos y, por supuesto, den un corazón a tus cosas, más sabrás que estás creciendo.

Cuando se trata de conversiones que generan ventas el mejor enfoque, en mi opinión, es la venta suave. La directa (venta directa) no parece funcionar en las redes sociales, especialmente en Instagram. La gente no quiere que le vendan. Quieren que les sirvan. Entonces, por ejemplo, en lugar de que el entrenador personal se centre en una venta difícil pidiendo a las personas que reserven una sesión privada, puede publicar historias de éxito con clientes felices que hayan seguido su programa con éxito. Si se dirige a personas que buscan perder peso rápidamente, podría publicar un video con su cliente que perdió peso a tiempo para su boda. Eso generará más participación y creará conciencia sobre su programa especial. Sutilmente sugiere al usuario que debe hacer clic en su biografía para acceder al mismo programa mágico si desea experimentar resultados similares.

Por lo tanto, te animo a que te acerques a Instagram a través de esta aproximación de primero agregar valor. Piensa en hacer crecer una comunidad y servir a tu audiencia en lugar de vender tus productos o servicios.

Si quieres convertirte en un influencer de Instagram y conseguir que las marcas te paguen mucho dinero por una mención, asegúrate de establecer esa credibilidad como alguien que sirve y proporciona contenido y valor excepcional. El producto real que promueves y alientas a las personas a comprar debe ser un complemento, no la razón principal para crear tu contenido, a los ojos del usuario. Si puedes lograr este alto nivel de creación de contenido, las conversiones y las ventas se convertirán en un juego fácil en Instagram.

¿Cuáles Son Los Objetivos Comunes De Los Influencers Y Empresarios En Instagram?

Aumentar las ventas de productos, aumentar el conocimiento de la marca, aumentar los seguidores, generar tráfico a una página de destino o sitio web, servicio al cliente y satisfacción del cliente. También puedes tener el objetivo de crear listas o identificar y establecer relaciones con influencers clave en tu nicho.

Antes de que tu cuenta de Instagram pueda producir los objetivos y resultados deseados, debes comprometerte. Tu capacidad para presentarte y publicar contenido excelente de manera constante sin perder el entusiasmo contribuirá en gran medida a lograr tus deseos. Entonces, antes de pasar a los aspectos técnicos de la configuración de tu cuenta y hacerla crecer de la manera correcta, hablemos sobre tener una mentalidad clara.

Apégate A Lo Que Crees

Si no te ha quedado claro hasta ahora, permíteme enfatizar que tú determinas tu crecimiento y éxito en Instagram. La plataforma es sencilla y tu capacidad para comunicar tu mensaje y atraer a tu audiencia es bastante estándar porque es un campo de juego abierto. La diferencia entre tú y cualquier otro empresario o influencer es la mentalidad con la que estás operando. Eso se convierte en el factor determinante de si te levantarás y tendrás éxito o te ahogarás y fracasarás. Por lo tanto, tener una mentalidad clara es tan importante como aprender qué publicar, cuándo publicar y trucos para generar participación, ¿estás de acuerdo?

Después de estar online durante más de una década, me doy cuenta de que el éxito, la fama y la fortuna no vienen por suerte o por accidente. Hay ciertas cualidades y prácticas que llevan a las personas al estilo de vida de sus sueños.

¿Has oído hablar del dicho "el éxito deja pistas"? Bueno, he estado observando y aprendiendo de mentores increíblemente exitosos, y he notado ciertos puntos en común.

Cada persona exitosa que conozco en el mundo online posee una cierta mentalidad, la aproximación a su trabajo es de una manera específica y es impulsada por su PORQUÉ. No se lanzaron a las redes sociales por el simple hecho de hacerlo. Aquellos que son influencers saben por qué quieren convertirse en influencers exitosos en las redes sociales. Los dueños de negocios que buscan desarrollar canales de redes sociales exitosos tienen claro por qué esto es importante para ellos. Quiero que tengas el mismo nivel de claridad.

El otro rasgo común que encontrarás es que todas las personas exitosas solo hablan, enseñan y promueven lo que creen. No es falso ni hipérbole. No solo aceptan asociaciones o trabajos pagados por ganar un dólar. Los mejores influencers en Instagram solo trabajan con empresas, productos y marcas en las que realmente creen. Los mejores propietarios de negocios solo publican contenido y comparten el conocimiento en el que han tenido experiencia y que les apasiona. Eso lleva a mi gran conclusión clave para ti. Apégate a tu verdad y solo comparte lo que sabes y en lo que crees.

Si el contenido que creas proviene de ese lugar auténtico de pasión, talento y habilidad, no se quedará seco, no se desesperará ni se enamorará fácilmente de la creación de contenido porque estarás haciendo algo que te importa profundamente. Y debido a que esto es algo que harías de todos modos, las dificultades de hacer crecer tu cuenta no te desgastarán. Será fácil perseverar y seguir con tu canal hasta que alcances tus metas. Ese es el camino hacia el éxito y cualquier fama que desees cosechar de Instagram. No será fácil y es poco probable que suceda de la noche a la mañana. Pero si aún sientes que este es tu momento para hacerte famoso en Instagram después de leer esta última sección, pasa al siguiente capítulo porque estás listo para ir a lo grande.

SECCIÓN 02: CUENTA DE INSTAGRAM

Capítulo 03: Primero, Necesitas Un Nicho

Cuando surge este tema de elegir un nicho, siempre recibo reacciones encontradas. Algunas personas lo entienden de inmediato, mientras otras asumen, les estoy sugiriendo limiten su creatividad. Hubo un tiempo en el que las redes sociales eran jóvenes y no estaban saturadas de matracas que cualquier persona con una buena marca y un mensaje poderoso podía destacar de inmediato. Esos días ya pasaron.

Las redes sociales están alcanzando la madurez, y cuando redes como Instagram comienzan a presumir de los números reportados actualmente (más de mil millones de usuarios), es hora de adoptar un enfoque diferente. Las riquezas están en los nichos. Te costará construir algo sustancial en Instagram o en cualquier red social grande si no descubres primero tu nicho.

Por Qué Definir Un Nicho Es Tan Importante

Apuesto que te estás preguntando por qué es importante definir tu nicho. Es una gran pregunta y, a menudo, escucharás distintas respuestas. Algunos expertos afirman que definir tu nicho es esencial porque ayuda a aclarar tu mensaje e identidad de marca. Eso es verdad. Otros te dirán que te permite establecerte con rapidez como una autoridad en un tema específico, lo que hará que tus seguidores crezcan más rápido. Eso es también cierto. Para mí, todo el concepto de nicho se ha vuelto fundamental debido al cambio en el comportamiento del usuario. Hemos visto un aumento, estabilización y una caída en el uso de las redes sociales en las redes más grandes en los últimos años. Por favor, no lo malinterpretes; no estoy diciendo que no haya gente en Facebook, Twitter, Instagram y todas estas grandes redes sociales. Los datos demuestran que las cifras siguen siendo asombrosas. Pero a pesar de contar con un gran número, la caída continúa y los usuarios están comenzando a disminuir e incluso a abstenerse de participar demasiado en estas grandes redes. En cambio, parecen preferir espacios de reunión social más pequeños y personalizados donde el contacto directo con personas de ideas afines se siente más fácil. Como resultado, el marketing en las redes sociales está adquiriendo un nuevo aspecto, y los que están ganando son los dueños de negocios y las personas influyentes que se centran en un nicho específico.

Cuando defines tu nicho, no te estás aislando permanentemente de otras áreas de interés que puedas tener. En cambio, te enfocas en un solo tema o área de especialización que actúa como un faro para personas de ideas afines que se preocupan por ese mismo tema. Al definir tu nicho aumentas significativamente tus probabilidades de destacar, llegar a tu público objetivo y generar una mayor participación. Ya seas un emprendedor o un influencer, con solo eso puedes reducir el viaje al éxito en Instagram.

Muchos Instagrammers exitosos han compartido historias sobre cómo comenzaron. Sus contenidos estaban por doquier. Intentaban tener éxito atrayendo a una amplia audiencia, y no funcionó. Pero después de elegir un nicho y profundizar en ese único tema, las cosas comenzaron a cambiar cuando vieron a su tribu formándose. Es una estrategia de marketing muy eficaz.

Algunas personas leerán los primeros párrafos y sabrán inmediatamente qué nicho buscar. Si eres tú, ¡felicitaciones! Yo sufrí durante varios meses antes de descubrir qué podría convertirse en mi nicho porque tenía muchas pasiones y habilidades diferentes. Había trabajado en varias industrias y me encantaban los negocios, el desarrollo personal, DIY y tocar la guitarra. Como puedes imaginar, fue difícil concentrarme en un nicho para Instagram. Si eres polifacético y apasionado, no te preocupes. No eres el único. Este capítulo te proporcionará una guía que te ayudará a perfeccionar y limitar tu enfoque.

Nichos De Instagram

Hay miles de nichos en Instagram, y estoy bastante seguro de que los números seguirán creciendo. Eso significa que, independientemente del nicho que elijas, es probable que haya una audiencia preparada y algo de competencia. Créeme, quieres competencia, y más adelante te explicaré la razón. Si estás iniciando tu cuenta de Instagram para generar ventas, debes asegurarte de que el nicho sea rentable. ¡Pero no elijas un nicho solo porque es generador de dinero! Estos son algunos de los nichos populares:

- **Estilo de vida.**

El nicho de estilo de vida se trata de mostrar lo increíble e inspiradora que es tu vida. Se trata de compartir tus opiniones, ideas y verdades. A la gente le encanta escuchar historias increíbles y verse a sí misma como parte de esas historias. Si tienes algo que pueda sorprender a tus seguidores, algo que haga que la gente desee estar en tu lugar o que los motive a pensar fuera de la caja, entonces este nicho podría ser para ti.

- **Comida y cocina.**

¿Quién no ama la buena comida? Independientemente de cuán avanzados lleguemos a ser como personas civilizadas; la comida siempre será una gran parte de nuestras vidas. Por eso Instagram favorece mucho el nicho de la comida. La cocina sigue ganando popularidad en la plataforma a medida que las personas comparten recetas, consejos de cocina, tutoriales y más. Si tu amor está en la comida, no importa cuán desconocido sea tu tipo de cocina, puedes construir una tribu en torno a tu tema siempre que sea buena comida y excelente contenido.

- **Negocios.**

Si amas el mundo de los emprendimientos, las pequeñas empresas y el espíritu empresarial, este podría ser el nicho para ti. Hay tantas oportunidades de negocio que pueden generar ingresos gracias a Internet. Si ganar dinero es una pasión, también puedes crear una cuenta para compartir ideas, consejos y motivación para que tus seguidores puedan ganar dinero y obtener libertad financiera.

- **Moda.**

Los nichos de la moda están en auge en Instagram, y con razón. Marcas de todos los tamaños invierten una cantidad significativa de dinero en la plataforma, y los usuarios acuden en masa a estas atractivas cuentas donde pueden inspirarse, entretenerse e incluso informarse sobre cómo deberían verse. A la gente le importa cómo se ven y más, por eso quieren saber qué visten las celebridades. Si te apasiona la moda o tienes experiencia en esta industria, esto podría valer la pena, ya que hay una audiencia lista esperando para ver lo que puedes ofrecer.

- **Belleza.**

Más popular que la moda en Instagram es la belleza. Más del 96% de todas las marcas de belleza han invertido en una fuerte presencia en Instagram. Supongo que es porque a muchos adolescentes y mujeres les encanta interactuar con productos de belleza en Instagram. Los usuarios quieren ver tutoriales, consejos de belleza, reseñas de productos y cualquier otra cosa que puedas idear. La creatividad y la autenticidad serán fundamentales aquí. Cuanto más exclusivo sea tu contenido, mejor funcionará.

- **Salud y Fitness.**

Muchas personas han comenzado a priorizar la salud y el bienestar, especialmente desde la pandemia de 2020. Por lo tanto, no debería sorprendernos que el nicho de salud y fitness sea una opción rentable. Puede ser un subconjunto de fitness o puramente centrado en la nutrición. Independientemente de tu preferencia, tienes muchas posibilidades de crecer y monetizar tu experiencia con un poco de creatividad y trabajo duro.

- **Animales.**

La gente en Instagram adora a las mascotas. Algunas cuentas dedicadas a los animales (incluidas las mascotas) se han vuelto tan populares que eclipsan a las celebridades humanas. Entonces, si te apasiona cualquier tipo de criatura, es probable que puedas tener una base de seguidores y fans decentes alrededor de tu amigo no humano.

- **Memes.**

Instagram está lleno de memes. Son entretenidos, rápidos de crear y son la receta perfecta para contenido viral. Si naturalmente tienes talento para hacer reír a tus amigos o si quieres seleccionar memes en la web, entonces este podría ser un gran nicho en Instagram.

- **Viajes.**

El turismo es enorme en Instagram. Algunas de estas cuentas tienen seguidores masivos, y todo lo que hacen es publicar fotos impresionantes de un lugar del que nunca has oído hablar y al que probablemente no puedas permitirte viajar. Probablemente por eso la gente sigue estas cuentas. Les da un sentido de aventura, algo de aspiración y una forma de escapismo de su pequeño cubículo. Este tipo de cuentas brindan lo mejor que el mundo tiene para ofrecer a los entusiastas de los viajes. Si eres de los que le encanta viajar o sueña con viajar a tiempo completo, abrir una cuenta propia es una gran idea. Comparte tus fotos de viaje, experiencias y amor por nuestro planeta con la comunidad de Instagram, y ellos te recompensarán con mucho compromiso.

- **Frases Motivacionales.**

Otro nicho súper popular que cualquiera puede comenzar es el de motivación. Si eres fanático de recopilar citas inspiradoras y motivacionales de los grandes, desde luego hazlo. Algunas de las cuentas en Instagram han reunido seguidores locos mediante la publicación de hermosas frases que hacen que la gente se sienta bien. Es como un espresso rápido para adictos al desarrollo personal.

- **Artesanía y Hazlo Tú Mismo.**

¿Siempre has tenido la habilidad de arreglar las cosas tú mismo? ¿La gente te llama cuando necesitan algún tipo de remedio casero? Entonces es posible que desees considerar la posibilidad de crear una cuenta en la que compartas tu pasión y habilidades. Las cuentas de Hazlo tú mismo, o DIY por sus siglas en inglés, son bastante impresionantes y obtienen seguidores decentes. Construir cosas con tus propias manos y compartirlas con tu tribu no solo es gratificante. También es una excelente manera de monetizar tu cuenta.

Si has revisado esta lista y te has sentido completamente fuera de lugar porque nada de esto resuena con lo que quieres crear en Instagram, no te desesperes todavía. Mientras te animo a elegir un nicho con una audiencia existente que sea lo suficientemente grande, soy consciente de que ciertos nichos tienen pocos seguidores, pero aún funcionan. Por lo tanto, si nada de lo anterior te pareció lo suficientemente atractivo, consulta algunos ejemplos en cuentas de Instagram que funcionan muy bien a pesar de que sirven a una audiencia pequeña.

Cuentas Famosas De Instagram En Varios Nichos

Si por lo general te gustan los temas y pasatiempos que confunden a los miembros de tu familia, estas cuentas deberían animarte a perseguir a tu tipo de gente y hacer de tu cuenta de Instagram una historia de éxito.

- **Alimentos Veganos Y De Origen Vegetal**

La comida es una categoría enorme en Instagram, pero el veganismo no lo es. Sin embargo, uno puede crear una audiencia bastante saludable y hacerte famoso en Instagram con solo este nicho. Un gran ejemplo es Kate Jenkins, quien tiene una cuenta dedicada a recetas veganas que son fáciles de hacer. Obtiene una participación decente con cada publicación.

Otro gran ejemplo es la dietista Catherine (plantbasedrd), que comparte recetas veganas fáciles. Con 300.000 seguidores y publicaciones que obtienen más de 4.000 me gusta cada una, Catherine es un excelente ejemplo de cómo un nicho pequeño puede dar grandes frutos.

https://elisedarma.com/blog/tiny-niches-instagram

- **Lindo Perro Convertido En Empresario**

Yo no inventé ese título. Se lo quité a jiffpom, que se ha convertido en un influencer en Instagram con más de 10 millones de seguidores. Incluso ha ganado premios y aparece en medios de comunicación como Fox News.

Si tienes una linda mascota que puede entretener a tu audiencia, ¿por qué no hacer de eso tu nicho?

- **Disney**

¡Apuesto a que no lo viste venir! Sí, la cuenta de Instagram temática de Disney es un nicho real. Es pequeño, pero eso no significa que no te hará ganar dinero ni conseguir seguidores reales. Por ejemplo, Kait Killebrew tiene una cuenta centrada exclusivamente en Disney. En lugar de una cuenta de viajes regulares, solo habla del mundo de Disney. Tiene más de 5.000 seguidores y, claro, eso no la convierte en una mega influencer, pero le da suficiente influencia para conseguir gigs de patrocinio pagados.

Las marcas que venden productos relacionados con Disney ahora quieren trabajar con Kait porque saben que su audiencia es ideal, hiper comprometida y leal a ese tipo de estilo de vida. Puede parecer una locura pensar que vale la pena buscar un nicho tan pequeño, pero los resultados no mienten.

- **Optimización Para Motores De Búsqueda (SEO)**

Todas las empresas quieren aparecer en la primera página de Google. Si tu superpoder y habilidad está mostrando a otros cómo hacer esto, ¿por qué no crear una cuenta de SEO? Probablemente no obtendrás cifras desbordantes ya que este es un nicho más pequeño, pero igual puedes tener resultados increíbles en términos de participación e ingresos. Por ejemplo, @conqueryourcontent se centra en todo lo relacionado con el SEO. Tiene más de 2.000 seguidores, lo que la convierte en una microinfluencer. Según los expertos en SEO, los pocos seguidores le brindan clientes potenciales de alta calidad, y ella genera constantemente nuevos proyectos cada mes a partir de su marketing de Instagram.

Ya sea que tengas una cuenta configurada o no, ahora es el momento de comenzar a construir esa base adecuada. Deja que los ejemplos y las categorías que he compartido te inspiren a elegir el nicho en el que trabajarás con éxito durante los próximos meses y años. Para ayudarte a hacerlo de la manera correcta, sigue los pasos a continuación.

Cómo Elegir Tu nicho De La Manera Correcta

Paso #1: Comienza con tus pasiones, talentos y habilidades.

Como dije antes, vas a estar haciendo esto durante mucho tiempo. Antes de que esa cuenta pueda generar influencia e ingresos, habrá mucho tiempo, recursos y energía invertido de tu parte, por lo que tiene sentido hacer lo que ya disfrutas.

Es por eso que necesitas identificar tus fortalezas, pasiones e intereses. Haz que este proceso sea impactante respondiendo las siguientes preguntas conmigo. Puedes escribir las respuestas en un documento de Google o en un bloc de notas. Enumera tantos como puedas imaginar.

• ¿Qué tema te gusta más hablar con amigos y familiares? Quiero decir, podrías continuar durante horas si te lo permitieran.

• ¿En qué te gusta pasar tu tiempo libre?

• ¿Qué aficiones has tenido desde la infancia?

• ¿Qué querías hacer cuando tenías 9 años? ¿Quizás vender limonada o crear personajes de cómic?

• ¿Qué temas disfrutas aprender? Mira los blogs, revistas y cuentas de redes sociales que sigues.

- ¿En cuáles habilidades te has entrenado y sientes que eres realmente bueno?
- ¿Hay algo en lo que a la gente le guste recibir tu consejo? Pueden ser consejos de maquillaje, recomendaciones de películas o cualquier otra cosa que se te ocurra.

Paso #2: Haz una investigación de competencia.

Una vez que identifiques lo que te interesa publicar, investiga un poco en Instagram para ver qué están haciendo cuentas similares y la respuesta de su audiencia. Dado que compartirás audiencias similares, esta es una excelente manera de descubrir qué funciona y qué no. También te ayudará a identificar marcas potenciales con las que podrías trabajar una vez que tu marca esté establecida si eres un influencer. En este punto, tu intención es encontrar cuentas populares y los mejores hashtags en Instagram para tu contenido. También puedes utilizar un sitio como all-hashtags.com para encontrar los mejores hashtags para tu tema. Por ejemplo, yo escribí "Liderazgo" en el sitio y obtuve 30 de los mejores hashtags.

Consejo de influencer.

Si ya conoces una marca específica con la que deseas trabajar más adelante, asegúrate de investigar a los influencers que están usando actualmente. Sigue a estos influencers y observa las campañas que crean, los hashtags y el tipo de contenido que publican. Aprende todo lo que puedas y haz todo lo posible para crear contenido orientado a los intereses y la misión de esa marca.

Paso #3: Encuentra los huecos.

El siguiente paso importante a medida que avanzas hacia la definición de tu nicho es encontrar espacios que puedas llenar en términos de contenido. ¿Hay algún tema que creas que no recibe la atención que merece? Por ejemplo, si deseas hacer una cuenta de recetas veganas, tal vez puedas concentrarte más en productos orgánicos libres de crueldad porque nadie lo está haciendo. Esa puede ser una excelente manera de crearte un nombre dentro de una categoría más amplia.

Paso #4: Investiga qué es lo que le importa a tu audiencia ideal.

¿Recuerdas esa lista de pasiones, talentos y habilidades? Es hora de emparejarlo con una audiencia. Esto te ayudará a seleccionar el mejor nicho más rápido que cualquier otro paso. También es uno de los pasos más importantes que puedes tomar porque se enfoca en servir a tu audiencia futura. Por supuesto, si no tienes una audiencia o una base de clientes, este ejercicio requerirá mucha más investigación y una guía intuitiva. Todo se reduce a responder algunas preguntas. Son las siguientes:

- ¿Qué problema o desafío enfrenta mi cliente ideal?
- ¿Qué deseo o aspiración tiene mi cliente ideal?
- ¿Qué valores compartimos en común?
- ¿Qué tipo de contenido les interesa más?

Si comienzas desde cero y no tienes acceso a una audiencia existente, considera visitar foros y sitios como Quora para ver qué están discutiendo las personas sobre su tema. También debes explorar Google Trends, BuzzSumo y Ubersuggest para descubrir los términos de búsqueda que la gente está escribiendo en relación con sus puntos débiles, así como el contenido de las redes sociales que funciona bien en Internet. Si no sabes quién es tu audiencia o qué está pasando con ellos, el próximo capítulo te guiará para encontrar tu audiencia ideal y crear documentos personales para ayudarte con tus campañas de marketing.

El propósito de este ejercicio en particular es encontrar una superposición entre lo que te gusta hablar y lo que les importa a tus futuros seguidores. Ese punto de intersección debe ser el 70% de tus ideas de contenido y determinar el tema de tu página.

Paso # 5: Hazlo hermoso.
Instagram tiene que ver con imágenes atractivas, y tu Feed debe tener una apariencia atractiva para tu audiencia ideal. Eso no significa excederte y exagerar o hacer cualquier cosa fuera de integridad con tu personalidad (¡no es necesario que te desnudes a medias o nos muestres tu trasero!). Lo que significa es que, independientemente de tu nicho, debes elegir una excelente combinación de colores, fuente, filtros y paneles de estado de ánimo que creen un atractivo para tu audiencia. No me importa si tu cuenta es de seguro médico o reparaciones del hogar; piensa fuera de la caja y visita blogs de belleza, blogs

de estilo de vida y otras cuentas de Instagram que tengan ese factor sorpresa. Ve lo que puedes aprender de ellos y aplica lo aprendido a tu tema.

Paso #6: Averigua si puedes ganar dinero con tu nicho.

A menos que estés haciendo esto como una organización sin fines de lucro, este paso debe realizarse antes de pasar al siguiente capítulo. Quiero suponer que has reducido tu lista a una o dos áreas temáticas como resultado de los pasos anteriores. Es una buena idea verificar el potencial de generación de ingresos de cada uno de esos temas de nicho para que puedas ver cuál producirá un mayor retorno de inversión por todo tu arduo trabajo. Un gran lugar para encontrar respuestas es ClickBank, pero también puedes ir a Amazon si te sientes más cómodo. ClickBank es mi principal recomendación porque puedes encontrar casi todos los nichos y categorías que se te ocurran. Hay diferentes ofertas para estas categorías, y cuantos más productos encuentres para un tema en particular, más seguro podrás estar de que se trata de un nicho rentable. Si no encuentras nada, probablemente signifique que no hay una multitud monetizable. Es posible que puedas crear una audiencia en torno a ese tema, pero ganar dinero con él será un gran desafío.

Paso # 7: Decide y quédate con tu nicho.

En este punto, basado en toda tu investigación y reflexión, debes decidir si seguirás adelante con tu idea de nicho. Aquí está el trato; nadie puede tomar esta decisión por ti. Y una vez que tomas esa decisión, debes atenerte a ella el tiempo suficiente para ver resultados. Ahora, eso no significa que todas las publicaciones deban estar en soufflés si eso es lo tuyo, pero sí significa que un nuevo seguidor debe tener la experiencia y hacer de inmediato la conexión con la que te especializas para hacer grandes soufflés. Por lo tanto, tu identidad de marca con el tiempo debería ser más fácil de conectar para las audiencias nuevas y existentes a medida que interactúan con tu contenido. Los influencers de Instagram necesitan crear consistencia y apegarse a un nicho si quieren ganarse la vida con él.

Siguiendo estos pasos, ahora tienes una idea sólida de en qué nicho se enfocará tu cuenta. Este enfoque limitado te permitirá construir un nombre para ti y experimentar un crecimiento más rápido que intentar hablar con todos en Instagram. Pero hay una cosa más importante en la que debes invertir tiempo antes de crear contenido fantástico que atraiga seguidores. Dirígete al siguiente capítulo para ver a qué me refiero.

Capítulo 04: ¿Conoces A Tu Audiencia Ideal?

Probablemente hayas escuchado que Instagram es una de las redes sociales más populares del planeta. En realidad, ocupa el sexto lugar en el mundo, con mil millones de usuarios solo superados por Facebook (2.6 mil millones), YouTube (2.0 mil millones), WhatsApp (1.6 mil millones), Messenger (1.3 mil millones) y WeChat (1.1 mil millones). La mejor parte es que Instagram tiene una gran audiencia global. Pero tener una audiencia internacional no significa que puedas servir a todos en la plataforma. Entonces, antes de comenzar nuestra estrategia de contenido para Instagram, necesitamos investigar más el comportamiento de los usuarios para descubrir qué le gusta experimentar a tu audiencia ideal en la plataforma para que tu contenido pueda moverse en esa dirección. Has elegido tu nicho y ya sabes qué problemas, aspiraciones y temas son emocionantes para tu audiencia, pero ¿cómo lo alineas con la creación de contenido? Entrando en la mente de tu fan ideal. Primero debes comenzar por comprender quiénes son y su estado psicológico al navegar por la plataforma.

Estadísticas De Usuarios De Instagram Que Debes Conocer

Todos nos comportamos y establecemos expectativas diferentes para las diversas plataformas en las que nos juntamos. Cuando estoy en YouTube, mi forma de pensar es diferente a cuando estoy en TikTok o Instagram. Lo mismo ocurre con tu audiencia ideal, por lo que es esencial comprender los conceptos básicos de cómo se comportan los usuarios en Instagram y qué contenido les resulta más atractivo. Aquí hay algunas estadísticas útiles que debes conocer a partir de 2020.

• Hay 500 millones de usuarios activos diarios que acceden a la aplicación en todo el mundo.
• Las personas pasan un promedio de 28 minutos al día en la aplicación de Instagram. Los usuarios menores de 25 años pasan aún más tiempo en la aplicación, con datos que muestran que el grupo demográfico más joven pasa 32 minutos mientras que los mayores de 25 años pasan 24 minutos.
• Los países más populares con el mayor uso incluyen Estados Unidos (120 millones), India (80 millones), Brasil (77 millones), Indonesia (63 millones) y Rusia (44 millones). • Hay 500 millones de usuarios activos diarios que acceden a la aplicación en todo el mundo.
• El 22,02% de los 4.540 millones de usuarios activos de Internet del mundo acceden a Instagram cada mes.

- En los Estados Unidos, el 75% de las personas de 18 a 24 años usan Instagram, seguido por el 57% que tiene entre 25 y 30 años.
- A nivel mundial, el uso por género es bastante uniforme, con un 50,9% de mujeres y un 49,1% de usuarios masculinos.
- En los Estados Unidos, los usuarios adultos son 43% mujeres y 31% hombres.
- Las marcas suelen buscar marcas con seguidores de 50.000 a 100.000 para promocionar sus productos. Este número, sin embargo, puede ser menor según el nicho y la industria.
- Según los datos de 2020, el mejor momento para publicar en Instagram es entre las 10:00 pm y las 2:00 pm, hora de verano central. Los mejores días son los miércoles a las 11:00 am, y los viernes de 10:00 am a 11:00 am.
- Las imágenes de Instagram obtienen un promedio de un 23% más de participación que las de Facebook.
- Las publicaciones con videos reciben un 38% más de participación que las fotos.
- El 70% de los usuarios buscan marcas en Instagram.
- El 79% de los usuarios buscan en Instagram información sobre un producto o servicio.
- El 80% de los usuarios siguen al menos una marca en Instagram.
- Un tercio de los usuarios de Instagram han comprado a través de la plataforma en dispositivos móviles.
- El 70% de los consumidores quieren ver las marcas que les gustan y las siguen, y se posicionan

sobre los problemas sociales que les interesan. De ellos, el 65% quiere que las marcas adopten esa posición en las redes sociales.
• La tasa de participación promedio para publicaciones de marca es del 4,3%.
• Tener al menos un hashtag puede aumentar la participación hasta en un 12,6%.

El debate continúa, pero hasta ahora, el número mágico es de 11 hashtags para cada publicación si deseas obtener resultados óptimos.
• 400 millones de usuarios ven historias de Instagram a diario.
• Al 46% de los usuarios de Historias de Instagram les gusta el contenido divertido y entretenido.
• Las Historias de Marcas tiene una tasa de finalización del 85%.

¿Deberías Prestar Atención Y Aprovechar A Tus Competidores De Instagram?

La respuesta sencilla es, sí y no. Sí, si tienes la intención y la estrategia correctas, estas cuentas pueden convertirse en una gran fuente de información, inspiración y generación de oportunidades. No, si vienes de un punto donde te falta mentalidad y solo quieres copiar a los demás.

Instagram tiene muchas personas a las cuales convertir en seguidores, por lo que nunca debes sentirte intimidado por el hecho de que encontrarás influencers y cuentas de perfil ya establecidas en tu nicho elegido. Te animo a que veas esto como algo bueno. Piénsalo. Encontrar una cuenta con una audiencia ya establecida de personas que también se beneficiarían de tu contenido hace que sea un poco más fácil para ti hacer crecer tu cuenta siempre que lo hagas de manera ética.

Puedes obtener el crecimiento de tu cuenta de Instagram estableciendo contactos, siguiendo, interactuando y estableciendo relaciones con influencers en tu espacio. Encuentra contenido de autoridad y elige las cuentas más importantes que resuenen contigo y muestra signos de una audiencia interactiva. Sugiero hacer una lista de 10 cuentas e investigar lo siguiente:

- ¿Cuál es su número de seguidores?
- ¿Con qué frecuencia publican?
- ¿Qué participación obtienen en promedio?
- ¿Qué tema puedes identificar en sus Feed?
- ¿Con qué frecuencia publican Historias de Instagram e IGTV?
- ¿Qué hashtags usan más? ¿Cuál es el número de hashtags utilizados en cada publicación?
- ¿Cómo es su marca? Por ejemplo, observa sus tonos de voz, colores, fuentes, filtros, mensajes, etc.
- ¿Sobre qué les gusta publicar? ¿Existe alguna brecha en el tipo de contenido que ellos publican y tú puedas publicar en tu Feed?

El propósito de tu análisis de la competencia es aprender todo lo que puedas de tu competencia para que puedas implementar los siguientes consejos.

#1. Considera hacer una campaña de divulgación a todas las cuentas que resuenen contigo y propón una colaboración.

#2. Comenta, comparte, guarda, vuelve a publicar, siga e incluso crea contenido que mencione el contenido que te gusta de un competidor. Luego etiquétalos. Y cuando comentes una foto o video, hágalo reflexivo y valioso para la comunidad para que otros usuarios también puedan experimentar tu personalidad.

#3. Considera ofrecer administrar sus cuentas de forma gratuita para que puedas promocionar tu contenido. Si eliges las cuentas correctas con una base de seguidores decente, un alto nivel de participación y sin un blog o sitio web correspondiente, es probable que el propietario acepte tu propuesta. Aunque esta estrategia implicará más esfuerzo, también te abre a una audiencia ya establecida, lo que significa que puedes aumentar exponencialmente tus seguidores en cuestión de días o semanas.

#4. Si vas a publicar algunos anuncios pagos, te animo a que encuentres un competidor con un tamaño de audiencia saludable y publiques anuncios en su contra. Si usas este enfoque, perfecciona tu perfil de Instagram y tu biografía para crear algo de resonancia para que puedan sentir de inmediato una conexión contigo. Por ejemplo, si el competidor es local, considera agregar el nombre de tu ciudad a tu perfil.

Consejo extra.
Si realmente quieres meterte de lleno con una estrategia orgánica que no cuesta un centavo, aquí tienes un truco genial. Sigue a 100 de los seguidores de tus principales competidores. Después de seguir a alguien, asegúrate de navegar por su Feed y encontrar entre una y tres publicaciones que puedas darle un corazón y comentar. Haz ese comentario reflexivo y no tengas miedo de usar algunos emojis y tu personalidad única. Requerirá una inversión inicial de tiempo y energía, pero puedo asegurarte al menos un 34% te seguirá devuelta con solo aplicar este simple truco.

Dirígete A Tu Audiencia

Todo depende de nuestra capacidad para determinar con gran precisión para quién se creará tu contenido. Si perdemos la marca en la producción de contenido que involucra a un grupo específico de personas de los mil millones de usuarios de Instagram, será casi imposible monetizar tu cuenta. Las estadísticas que he compartido en este capítulo demuestran que una gran cantidad de usuarios activos ya están pasando el rato en la plataforma todos los días. Desafortunadamente, eso no significa que se involucrarán y comprarán de tu marca.

Entonces, ¿cómo jugamos para asegurarnos de que las probabilidades estén a tu favor? Invirtiendo mucho tiempo en definir tu público objetivo y realizando pruebas continuamente para aprender más sobre tu tribu.

Lo primero que debes hacer es implementar tácticas probadas para lograrlo. Supón que no tienes una base de clientes existente y no hay datos comerciales para pasar o seguidores de otras plataformas de redes sociales para aprovechar; ¿entonces qué?

Empieza donde estás, con lo que sabes. Hazte las siguientes preguntas:

• ¿Para quién está diseñado mi producto o servicio?
• ¿Qué está buscando mi audiencia ideal?
• ¿Qué conversación está teniendo lugar en la cuenta de mi competidor que me puede dar una idea de lo que mi audiencia ideal quiere? Usa una herramienta como Phlanx Influencer Auditor para brindar información como datos demográficos, menciones de marca, ubicaciones de seguidores y niveles de participación. Eso te permitirá ver los segmentos de audiencia faltantes que te has perdido y el tipo de contenido que podría gustarle a tu gente, así como las ubicaciones de los seguidores más activos para tu tipo de producto o servicio.

Lo siguiente que debes hacer es monitorear tus análisis de Instagram mientras publicas e interactúas con tu comunidad. Instagram puede decirte mucho sobre tu público objetivo, especialmente si tienes una cuenta comercial. Si no sabes cómo cambiar a una cuenta comercial, lo demostraré en una próxima sección. Una vez que hayas estado operando con el tipo de cuenta correcto durante un tiempo, los datos completarán tu información de Instagram, a la que se puede acceder yendo a la pestaña "Información"> "Audiencia". Obtendrás más información sobre tus seguidores existentes y su ubicación, sexo, rango de edad y demás. Agrega esta información al documento que has estado completando hasta ahora, y tendrás una comprensión clara de cómo es tu público objetivo.

Una vez que tengas una idea de tu público objetivo, es hora de comunicarse. Todos los datos que has recopilado no significarán nada si no los utilizas bien creando contenido específico para ese grupo de usuarios e involucrándolos dentro de la comunidad. Por ejemplo, puedes comenzar identificando esos hashtags populares que tu audiencia ideal usa con frecuencia. Estos hashtags deben incluirse en tu publicación cuando corresponda. También debes invertir algo de tiempo diariamente haciendo clic en esos hashtags para encontrar contenido de alto rendimiento para que puedas comentar, dar me gusta e interactuar con otros que han comentado. Haz que tu voz se escuche y comparte tu opinión donde encuentres conversaciones de moda en tu nicho. Eso puede ayudarte a llamar la atención de las personas adecuadas. Un buen truco es suscribirse a una herramienta de escucha social que te permite recibir notificaciones de temas que reciben mucha atención en las redes sociales.

Otra cosa que puedes hacer es conectarte con los influencers adecuados en tu espacio. Crea incentivos irresistibles para los influencers que sirven a tu audiencia ideal. Puedes encontrar estos influencers a través de la investigación de hashtags, como mencioné anteriormente, o mediante el uso de plataformas como Influencer.co. La única forma en que esto producirá resultados positivos es si planificas con anticipación la oferta para la asociación. ¿Tienes un gran producto o servicio que puedas ofrecerle al influencer para que lo revise? ¿Puedes asociarte para un concurso de sorteos o hacer que se hagan cargo de tu Instagram durante un período de tiempo determinado? Necesitas descubrir qué será atractivo para el influencer. Al comenzar, apégate a los microinfluencers, ya que es más probable que encuentren valiosa tu oferta. También son más fáciles de alcanzar.

Supón que has creado un producto imprescindible para el cuidado de la piel que es orgánico, casero y que realmente funciona para curar el acné. Pero no tienes seguidores en Instagram. Con los consejos que has aprendido hasta ahora, te encuentras con una influencer de belleza que revisa el maquillaje orgánico para pieles sensibles. Solo tiene 20.000 seguidores y tiene una participación realmente alta. Esta sería una influencer perfecta para aprovechar porque su audiencia probablemente encontrará muy atractivo tu cura orgánica casero para el acné de piel.

Todo lo que necesitas es hacerle a la influencer una oferta que no pueda rechazar, algo que la beneficie a ella y a su audiencia mucho más que a ti.

Ahora, se creativo y piense cómo aplicar esto a tu nicho real.

Capítulo 05: Colocando una Marca a tu cuenta de Instagram

Si no tienes una cuenta de Instagram configurada, ahora es el momento de hacerlo. Te guiaré a través del proceso y siempre puedes consultar el centro de ayuda de Instagram para cualquier inconveniente o nueva actualización. Incluso si tienes una cuenta de Instagram, te sugiero que leas este capítulo completo. Siempre puedes aprender trucos e ideas sobre cómo mejorar.

Creando Una Cuenta

Lo primero que debes hacer es descargar la aplicación desde App Store o Google Play Store, según tu teléfono inteligente. Una vez instalado, toca el icono de Instagram para abrir y haz clic en el botón "Registrarse" / "Crear cuenta" para crear una nueva cuenta. Utiliza tu dirección de correo electrónico o número de teléfono y toca "Siguiente". Si prefieres usar Facebook, tienes la opción de registrarte con tu cuenta de Facebook. A continuación, se te pedirá que inicies sesión en tu cuenta de Facebook si estás desconectado. Si eliges registrarte con un correo electrónico o un número de teléfono, se te pedirá que crees un nombre de usuario y una contraseña, completa la información de tu perfil y luego toca Siguiente.

La configuración predeterminada para todos los usuarios de Instagram es una cuenta personal. Queremos usarla para construir nuestra marca y comercializar nuestro negocio, por lo que tenemos que cambiarla a una cuenta comercial y conectar esa cuenta a una página comercial de Facebook. Para vincular tus cuentas de Facebook y compartir publicaciones directamente de Instagram a Facebook, debes ir a tu perfil y tocar el ícono de menú. Luego haz clic en la pequeña rueda para "Configuración"> "Cuenta"> Cuentas Vinculadas> Facebook. Ingresa tus detalles de inicio de sesión de Facebook y elige la página que deseas asociar con esta cuenta.

Si te preguntas cómo cambiar de una cuenta personal a una comercial, es muy fácil. Ve a tu perfil y toca el menú en la esquina superior derecha. Luego, ve a "Configuración"> "Cuenta"> "Cambiar a Cuenta Profesional"> "Empresa". Aquí deberás agregar detalles como la categoría comercial (esto debe elegirse en función de tu nicho) e información de contacto. Una vez que hayas completado la información, toca "Listo".

Cuenta Personal Versus Cuenta Comercial

¿Conoces la diferencia entre una cuenta personal y una comercial, o por qué insistimos en hacer el cambio a una cuenta comercial?

Comencemos con el hecho de que solo con una cuenta comercial tendrás la capacidad de recibir análisis de Instagram que te brinden más información sobre tu audiencia. Eso te permitirá saber qué publicaciones se están desempeñando mejor, qué espectadores llegaron a través de los hashtags elegidos y cuántas de las cuentas a las que se llega te siguen actualmente. También puedes obtener información sobre la demografía de tu audiencia. Una cuenta comercial te dará acceso a muchas más funciones premium, como la capacidad de agregar la función "deslizar hacia arriba" una vez que obtengas 10,000 seguidores o más, y también obtendrás un botón de "contacto" para que la gente pueda llamar o enviarte un correo electrónico directamente desde Instagram. Con el lanzamiento de la tienda de Instagram y los Reels, tener una cuenta comercial nunca ha sido más esencial porque solo con una cuenta comercial tienes la oportunidad de aparecer en la página Explorar a través de tus Reels. Y, por supuesto, tener una tienda Instagram incorporada hace que sea rápido y fácil conseguir que un seguidor te compre algo.

Consejos Para Configurar Tu Perfil

Cualquiera puede configurar un perfil de Instagram en pocos minutos, pero configurar uno que atraiga nuevos seguidores es algo que requiere mucha consideración. Es por eso que comparto las mejores prácticas para configurar tu perfil de Instagram de la manera correcta.

Consejo #1: Asegúrate de haber cambiado a un perfil comercial.

Ya hemos hablado de los beneficios de configurar tu cuenta como perfil comercial. Quieres que cualquier persona en el mundo vea tu increíble Feed y tus publicaciones tengan un alcance más amplio para que cualquier persona que resuene con tu perfil pueda seguirte instantáneamente. Es por eso que esta es una de las cosas más importantes que puedes hacer al configurar tu perfil.

Consejo #2: Usa una imagen adecuada que te exprese a ti y a tu marca de manera auténtica.

Si tu marca se centra en ti, es decir, una marca personal, te animo a que utilices una imagen real de ti mismo. Mira cuentas como la de Marie Forleo, Gary Vaynerchuck y Tai Lopez para obtener excelentes ejemplos de personas comunes que han creado cuentas de Instagram exitosas. Más personas resuenan con ellos porque se muestran accesibles y reales. Quieres la misma percepción con tu marca personal. Sin embargo, si optas por la ruta corporativa, aprende de cuentas como Hubspot, Buffer y CoSchedule. Utiliza un logotipo simple y asegúrate de que se alinee con tu sitio web principal y la identidad de tu marca. Puedes optar por modificar tu logotipo principal para que se adapte mejor a las dimensiones de la plataforma, pero no te desvíes demasiado del aspecto original.

Consejo #3: Elije el nombre de usuario y el nombre de Instagram correctos.

Elegir un nombre que sea memorable, que se pueda buscar y que se alinee con la identidad de tu marca no es tan fácil como podría pensarse. Ten en cuenta el nombre que eliges, especialmente si buscas un nombre de usuario que sea diferente de tu nombre real o el nombre de tu empresa.

Tienes hasta treinta caracteres para tu identificador y no debe haber símbolos ni espacios. Este es el nombre que la gente usará cuando te mencionen en un comentario o si quieren etiquetarte en algo, así que elige sabiamente. Si no puedes encontrar algo simple y creativo, siempre puedes usar tu nombre y combinarlo con tu especialidad, por ejemplo, Suzie, que se especializa en recetas de cocina vegana, puede llamarse Suze_veganlife o Vegan_Suzie. Para editar tu @nombre de usuario, dirígete a la página de perfil> "Editar Perfil". Haz clic en el texto o en el espacio junto al ícono de la persona e ingrese el nombre de usuario deseado. Una cosa a tener en cuenta es que puedes cambiar el nombre de Instagram con la frecuencia que desees para probar diferentes títulos que comuniquen lo que tu audiencia hará resonar. Sin embargo, no recomiendo cambiar regularmente tu nombre de usuario porque tendrías que cambiar todos los lugares que agregaste o vinculaste a este nombre de usuario. De lo contrario, las personas obtendrán un "enlace roto" o una página de error cuando hagan clic en sus enlaces antiguos.

Consejo #4: Haz que tu biografía sea informativa y atractiva.

Tu biografía en Instagram es la descripción que aparece en la parte superior de tu perfil. Es lo que los nuevos visitantes verán cuando encuentren tu perfil por primera vez. Dependiendo de la primera impresión que causen tus palabras, es más probable que un usuario navegue por tu Feed, interactúe con tu cuenta y, en última instancia, te siga o simplemente hará clic para salir. La copia de esta biografía es, por tanto, fundamental. Solo tienes 150 caracteres para que las personas sepan de qué se trata y por qué deberían seguirte. No hay mucho espacio para expresarse por completo, por lo que necesitas mucha creatividad para que esto funcione. La mejor manera de abordar esto es pensar desde la perspectiva de tu potencial seguidor. Él o ella aterriza en tu perfil ya sea porque encontraron tu publicación a través de un hashtag que siguen o por alguna otra razón. Ahora, ¿qué debería decir tu perfil biográfico para que esta persona esté más interesada en agregarte a su Feed? ¿Cuáles son los beneficios? ¿Por qué les debería de importar tu cuenta? ¿Cómo mejorará su mundo y los hará sentir mejor?

A medida que se te ocurran ideas, no temas agregar tu personalidad y jugar con emojis relevantes para que la gente pueda "sentir" el tono de tu identidad de marca. Un ejemplo que me gusta mucho es el de la cuenta de Instagram de Oreo. En su perfil, escriben: "Ve el mundo a través de nuestra lente OREO". También puedes leer la de Nike: Regularmente modifican su biografía, pero a mí me gustan especialmente las historias de "Destacando Historias de atletas y 👟 (icono de calzado deportivo)".

Consejo #5: Aprovecha al máximo tu enlace en el que se puede hacer clic.

Tienes una oportunidad de dirigir a las personas a tu sitio web u oferta, así que no desperdicies el enlace en tu biografía. Ese enlace es quizás uno de los espacios inmobiliarios más valiosos que tienes para dirigir el tráfico a tu producto o servicio especial. Si deseas que las cosas sean súper simples, puedes usar un enlace estándar desde tu página de destino y actualizarlo regularmente con las últimas ofertas. Los usuarios de Instagram experimentados están utilizando herramientas como Tailwind para llevar las cosas un paso más allá y crear un enlace que presenta varias cosas. Independientemente de la opción que elijas, realiza un seguimiento de ese enlace para obtener datos sobre los usuarios que hacen clic y obtener más información sobre tu marca.

Consejo #6: Crea una cuadrícula atractiva en tu Feed.

¿Por qué es importante esto? Bueno, piense en ello. Tan pronto como descubrimos una nueva cuenta, revisamos la foto de perfil, la biografía y luego nos desplazamos hacia abajo instantáneamente para navegar por el Feed. Si nuestros ojos y emociones resuenan con lo que vemos, es una atracción instantánea, y es probable que nos involucremos y sigamos esa cuenta. Si el Feed nos repele, no importa cuánto nos gustó la foto de perfil y la biografía; probablemente hagamos clic sin convertirnos en seguidores.

A menudo, me he encontrado con una publicación mientras navegaba por un hashtag que me importaba y hacía clic para ver más de la cuenta. Una vez allí, me desintereso de la cuenta porque el resto del Feed no me habla. La mayoría de los Instagrammers no se dan cuenta de cuántos seguidores pueden estar perdiendo simplemente porque no invierten algo de tiempo en pensar en su diseño de cuadrícula.

Es casi como cocinar los mejores ingredientes y servirlos en un plato poco apetitoso. Nadie querrá comer esa comida. Por lo tanto, considera este ejercicio tan importante como crear contenido excelente y escribir una buena copia para tu biografía. Para asegurarte de prepararte para el éxito, crea un patrón siguiendo las filas de tres ya existentes que ofrece Instagram. Tu contenido puede repetirse en múltiplos de tres, seis, nueve, doce o lo que quieras, y siempre parecerá que hay un patrón general que creará una sensación de simetría y coherencia. Por ejemplo, en una de mis cuentas de Instagram, seguí este patrón cambiando entre fondos blancos y de colores. Entonces, la publicación #1 es un fondo blanco, la publicación #2 es un fondo de color, la publicación #3 es un fondo blanco, la publicación #4 es un fondo blanco, la publicación #5 es un fondo de color, y así sucesivamente. También puedes tomar una ruta diferente si vendes un producto específico haciendo que cada tercera publicación sea una imagen de ese producto. Por ejemplo, si vendes accesorios para cachorros, una de cada tres publicaciones podría ser un accesorio. Eso eventualmente crearía esa sensación de coherencia en tu cuadrícula.

Consejo avanzado.

Si te sientes cómodo con la coordinación de colores, puedes utilizar la coordinación de esquemas de colores combinando tonos y colores similares en tu cuadrícula. Solo asegúrate de que la transición sea impecable. Es perfecto para Feeds que se centran más en selfies y retratos humanos como tema principal.

Cómo Construir Una Marcar En Instagram

La marca es un tema amplio, por lo que nos centraremos en las principales cosas técnicas que necesitas saber e implementar para nuestro viaje de principiantes. Después de todo, será difícil destacar si estás en el océano de otros usuarios de Instagram si la gente no puede identificar inmediatamente lo que representas y lo que te hace único. Entonces, cuando pienses en la marca, acércate a ella desde el punto de vista de evocar una emoción y percepción específicas. Se trata de crear una experiencia para tus seguidores y seguidores potenciales. Entonces, ¿qué experiencia quieres crear y cómo quieres que la gente te recuerde? ¿Te diviertes? ¿Limpio y minimalista? ¿Joven y rebelde? ¿Serio y formal?

La marca tiene que ver con la narración, la creación de confianza y la percepción. No se puede apresurar y no sucederá de la noche a la mañana. Cada publicación te mueve a lo largo de este viaje, por lo que es necesario aclarar tu visión de tu página de Instagram y la misión o razón para crearla. Fíjate siempre en estos elementos fundamentales clave al determinar qué marca estás construyendo. Otra cosa en la que quieres pensar es en la tonalidad y personalidad que quieres que experimenten las personas. Sería incómodo tener un Feed cómico y usar un tono serio o impersonal. Esa falta de congruencia en tu marca desanimaría inconscientemente a la gente. Lo mismo ocurre con los colores y las fuentes.

Los colores, la fuente y las imágenes que uses deberían mostrar esta imagen al usuario en cuestión de segundos.

La mayoría de las personas comienzan este viaje de la marca creando un panel de estado de ánimo. Puedes hacer esto en un software como InVision de forma gratuita.

Lo siguiente que necesitas es decidir los colores de la marca. Instagram es una aplicación 100% visual que enfatiza la estética, así que diviértete aquí. Se fiel a ti mismo y encuentra combinaciones de colores que te permitan expresar quién eres sin dejar de ser relevante para el mensaje y la oferta de tu marca. Los diferentes colores y matices tienen un impacto diferente en el consumidor. Algunos se perciben como calmantes o juveniles, mientras que otros parecen audaces, rebeldes o incluso góticos. Este paso puede llevarte desde un par de horas hasta varios días. Pero trata de no pensarlo demasiado. Un recurso útil que puede guiarte a elegir el color correcto para tu marca de Instagram es Colors. Cafe. Incluso tienen una cuenta de Instagram muy inspiradora donde publican varias paletas de colores con cada código de color enumerado para acelerar tu proceso de toma de decisiones. También puedes consultar Pantone en Instagram, donde comparten muchas ideas interesantes sobre cómo mezclar y combinar colores.

Una vez que hayas decidido el color, es hora de encontrar la fuente adecuada. Aunque los subtítulos usan una fuente estándar en Instagram, tus publicaciones requerirán algo de texto de vez en cuando, a menos que solo te especialices en selfies. Si estás haciendo una cuenta motivacional con frases, esta parte de tu marca es fundamental. La fuente que utilizas cuenta instantáneamente una historia y revela tu personalidad. Una cosa que quiero señalar antes de animarte a elegir una fuente es que tengas en cuenta el tipo de fuente porque, si bien algunas de ellas son extremadamente lindas, pueden ser difíciles de ver o leer en el Feed de Instagram. Esta es una aplicación para dispositivos móviles, por lo que todo debe ser ideal para la pantalla pequeña.

Los mejores y más fáciles de leer en dispositivos móviles son Serif, Sans serif, Display y Modern. Las fuentes serif supuestamente representan tradición, respetabilidad y discernimiento. Los san serif son modernos, objetivos, vanguardista y asociados a la innovación. Las fuentes modernas se consideran elegantes y fuertes. Las fuentes de visualización a menudo se asocian con amabilidad, diversión y expresividad. Para ayudarte a descubrir qué fuentes debes usar, considera usar una aplicación de diseño como Canva, que tiene una enorme biblioteca de fuentes para jugar. Incluso tienen plantillas listas para usar y combinaciones de fuentes. También puedes seguir la cuenta de Instagram de welovebranding para inspirarte.

En este punto, ya tienes tu público objetivo perfeccionado, como discutimos en el capítulo anterior. Dado que sabes para quién crearás contenido, es importante hacer una evaluación rápida para ver si las especificaciones de marca que vas a elegir se alinean con tu público objetivo. En otras palabras, ¿son los colores, las fuentes, los tableros de humor, etc., algo que les resulte atractivo?

Ejemplos De Cuentas Que La Están Sacando Del Estadio Con Su Marca

Ejemplo #1: BulletProof.

Una empresa de café y suplementos nutricionales. Tienen tres cosas a su favor con respecto a la marca: esquema de color minimalista pero llamativo + imágenes simples + mosaicos de citas uniformes para dividir su Feed.

← **bulletproof** ✓

BULLETPROOF

1,753 Posts **325K** Followers **577** Following

Bulletproof®
Fuel your journey with Bulletproof. Our approach to nutrition helps transform the way you feel.
linktr.ee/bulletproof

View Shop

Follow | Message | Email | ˅

Highlights

Ejemplo # 2: Starface.

Es una marca prometedora para el cuidado de la piel que hace stickers únicos para el acné en forma de estrellas. Eso encaja perfectamente con su estética de color amarillo brillante, que es imposible de perder en tu Feed. Su tema es bastante consistente al publicar testimonios, memes y más. El brillo y lo colorido es a lo que se apegan, y parece estar funcionando dados sus 119.000 seguidores y contando.

← **starface** ✓

411 Posts | 122K Followers | 287 Following

STARFACE
Skin Care Service
Positively not boring pimple planet.☆.*₀ ·°
Cruelty-Free.☆.*₀ ·°
100% Vegan.☆.*₀
starface.world/hellokitty

View Shop

Follow | Message | Email | ⌄

HK® | NIGHT WATER | VOTE | LIFT OFF

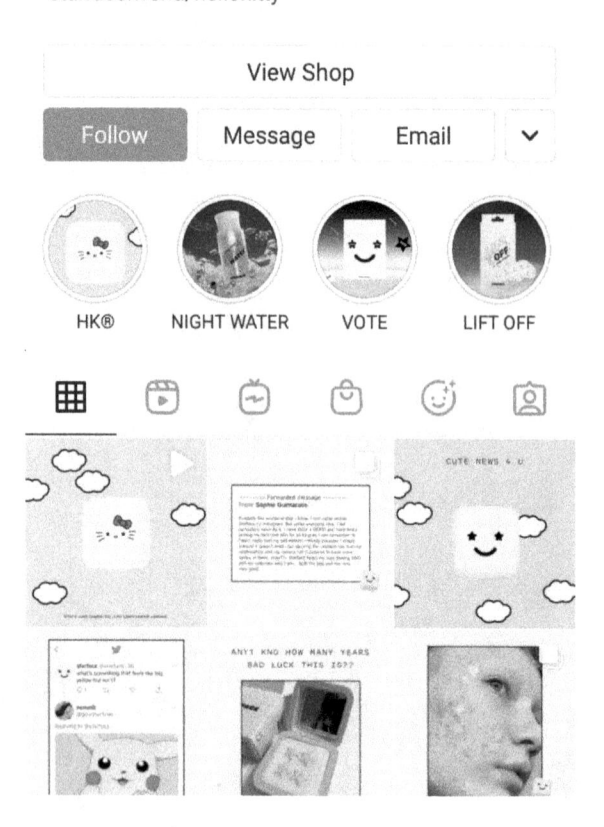

76

Ejemplo # 3: Studiodiy.

Con más de 400.000 seguidores, esta cuenta sabe cómo construir una marca Instagram. Es colorida, caprichosa y se siente como si estuvieras en una fiesta. El Feed es atrevido y divertido, pero no te dejes engañar; estos chicos han creado intencionalmente este estado de ánimo de "la vida es una fiesta" al seleccionar cuidadosamente su Feed para lograr el máximo impacto. La cuenta usa una amplia gama de colores, pero los dispersa cuidadosamente para garantizar que no haya dos imágenes una al lado de la otra que se vean exactamente iguales. Si observas el Feed con atención, notarás un tema de arco iris en ejecución, lo que hace que la estética del Feed sea un gran deleite para los ojos mientras recorres las publicaciones. Si deseas tener este mismo efecto de explosión de color, elije uno o dos colores primarios llamativos y equilibra esto con algunos tonos pastel.

← **studiodiy** ✓

5,184 Posts **406K** Followers **1,218** Following

Kelly Mindell
Mama + founder of Studio DIY and @cantclutchthis! Sharing my story, embracing color + making life a party! 🎉💜🎈... more
studiodiy.com/links/
Followed by **britandco**

Follow | Message

Kid Apps! | Vote Blue! | Take Action

Antes de continuar, aquí hay un simple paso a paso para seguir mientras construyes tu marca en base a todo lo que hemos cubierto hasta ahora:

Paso #1: Comienza con el final en mente. Establece tus objetivos para Instagram.

Paso #2: Reduce tu enfoque y elige un patrón de estilo o tema para tu Feed.

Paso #3: Identifica tu audiencia ideal y descubre qué es lo que les importa.

Paso #4: Crea un perfil y una biografía de impacto que les hable.

Paso #5: Decide el esquema de color, la fuente y el tablero de estado de ánimo para tu Feed.

Paso #6: Identifica el tono y la personalidad de tu marca.

Paso #7: Crea contenido asombroso.

SECCIÓN 03: CREACIÓN DE CONTENIDO EN INSTAGRAM

Capítulo 06: El Plan De Contenido

Como viste en el capítulo anterior, crear contenido asombroso es fundamental para construir una marca exitosa en Instagram. Aquí es donde cubriremos todo lo que necesitas saber para crear publicaciones y videos atractivos. La conclusión es que debes comenzar con las ideas que has reunido después de realizar ejercicios previos de investigación de audiencia, investigación de la competencia y determinar qué es lo que te apasiona. El contenido debe estar alineado con tu visión, misión y el tema de tu Feed.

Cuando discutimos el tema o el patrón de estilo, enfatizamos cosas como los colores que usarías y los filtros que te gustaría aplicar a tus imágenes. Es hora de agregar otro componente y este es el tipo de contenido que publicarás.

Tu nicho te dirigirá sobre el tipo de publicaciones que debes elegir. Entonces, siéntete libre de ser creativo cuando se trata de crear esa sensación armoniosa y consistente. El atractivo visual y el estilo que utilices deben reflejar la identidad de tu marca. Una vez que lo hayas definido, es hora de crear un plan de contenido.

Los objetivos que establezcas al principio de este libro deben informar el contenido que crearás y publicarás. También debes considerar cuánto tiempo se asignará a la creación y publicación de contenido. A menos que tengas la suerte de tener un gran equipo, estarás haciendo todo esto por su cuenta hasta que puedas subcontratar. Ten en cuenta tu estilo de vida actual, tus obligaciones y si será una actividad de tiempo completo o un ajetreo secundario en el que trabajarás durante los fines de semana y hasta altas horas de la noche.

Tómate un momento para ser honesto sobre cuánto tiempo puedes dedicar a la creación de contenido cada semana. Luego, márcalo en tu calendario para que puedas bloquear ese tiempo y hacerlo. Discutiremos los diferentes tipos de publicaciones que puedes crear y el contenido de mejor rendimiento en Instagram para obtener un poco de inspiración.

Quédate En Tu Nicho

Aquí hay un error que cometen muchos novatos. Una vez que publican algunas publicaciones, comienzan a distraerse con lo que ven en otras cuentas y comienzan a copiar eso, esperando obtener resultados más rápido. ¿Alguna vez has estado en una cuenta que se sintió abrumadora cuando te desplazaste por el Feed? Eso sucede como resultado de intentar atraer a todos. La peor parte de mezclar tus temas en el Feed es que confundirás a tus seguidores potenciales porque no identificarán claramente lo que representas. Y si tu tribu no puede identificarlo rápidamente, no se quedarán el tiempo suficiente para convertirse en fanáticos o clientes.

El hecho de que veas una linda publicación de cachorros recibiendo muchos Me gusta y atención en tu Feed no significa que debas cambiar a publicar fotos de cachorros cuando no tiene nada que ver con tu marca.

La lección aquí es sobre la coherencia de la marca. Ya hiciste el arduo trabajo de encontrar tu nicho, investigar y crear un tema de contenido y planificar el tipo de contenido que publicarás. No te desvíes de tu plan solo porque no ves los resultados que esperabas. No existe el éxito de la noche a la mañana, así que ten paciencia con tu plan y apégate a tu nicho.

Revisa Lo Que Otros Están Haciendo

De vez en cuando, creo que es beneficioso verificar a tus colegas o influncers en tu nicho para ver cómo están haciendo crecer sus cuentas. Esto se puede usar como una táctica para inspirarse en su contenido y un truco para interactuar con sus seguidores que también podrían estar interesados en lo que tú ofreces. Invierte algo de tiempo cada mes para revisar las diez mejores personas en tu espacio y usa herramientas de escucha social para informarte sobre su contenido con mejor desempeño. Luego, analízalo para descubrir qué funciona y qué quiere ver más el público y desafíate a tí mismo a crear algo diez veces mejor de lo que ellos tienen.

Obtener inspiración

Aprovechando la idea de obtener inspiración de contenido de aquellos en tu nicho, también debes invertir tiempo para obtener inspiración para tu contenido para que permanezca fresco, relevante y atractivo a la audiencia de Instagram. Aquí hay algunos lugares en los que encuentro inspiración al planificar mi contenido:

- **Google Alerts.**

Esta es una manera fácil de recibir alertas de Google según los términos que elijas monitorear. Al crear una alerta sobre un tema específico, recibirás notificaciones por correo electrónico sobre todo el contenido interesante y de mejor rendimiento en la web.

- **BuzzSumo.**

El software BuzzSumo es una de las herramientas preferidas para aprender qué es popular en los canales sociales. Es un favorito personal, y la razón principal es que puedo encontrar fácilmente el contenido más compartido en todas las redes sociales sobre el tema que elegí aquí. Incluso puedo conectar el sitio web de un competidor y descubrir su contenido de mejor rendimiento. Una vez que encuentro a los de mejor desempeño, hago clic para leer los comentarios porque a menudo puedo encontrar mucha inspiración sobre qué crear a continuación.

- **Tableros de Pinterest.**

Dado lo visual que es Pinterest, puede ser una gran fuente de inspiración para tu contenido de Instagram. Pinterest es ideal para curar contenido. Busca un tablero de grupo sobre tu tema de nicho donde puedas encontrar enlaces e infografías. Puedes personalizar tu tablero y recopilar artículos interesantes. Estos artículos son excelentes para descubrir qué quieren ver las personas o sobre qué quieren obtener más información.

- **Imgur.**

No muchos conocen esta plataforma, pero es un gran lugar para inspirarse en contenido visual. Imgur muestra las imágenes más populares en la web. Esto es perfecto para un instagramer, especialmente si estás buscando memes, frases o humor.

Lo más importante que debes recordar es permanecer en la marca y apegarte a tu tema mientras reúnes estas ideas. El hecho de que algo te haga reír o desmayar no significa que deba agregarse a tu plan de contenido.

Recuerda, la inspiración proviene de cualquier persona y en cualquier lugar y en cualquier momento. Está siempre atento a las ideas, historias y conocimientos que creas beneficiarán a tu creciente audiencia.

Publicaciones De Instagram

Ahora que tienes inspiración sobre qué publicar y un plan que se alinea con tu tema y visión, hablemos de los diferentes tipos de publicaciones que se sabe funcionan bien. Actualmente, Instagram permite imágenes, videos y Reels en el Feed. Pero eso no limita lo que puedes crear dentro del contexto de una imagen, video o Reels. A continuación, se muestran algunos tipos de contenido populares:

#1: Motivacional.
Este tipo de contenido puede incluir videos tuyos inspirando y alentando a tu audiencia o frases motivacionales. A los usuarios de Instagram les encanta recibir el aliento de personas con valores compartidos y un mensaje poderoso. Algunas cuentas tienen cientos de miles de seguidores, así que, si te gusta hablar o tienes un mensaje poderoso para compartir, considera la posibilidad de crear esta forma de contenido positivo.

#2: Detrás de escena.
Este tipo de contenido les da a tus seguidores esa mirada interior exclusiva que les hace sentir que realmente te conocen. En muchos sentidos, esta es tu oportunidad de mostrar un aspecto más humano y personal de tu marca. Es una excelente manera de

crear autenticidad y conexión reales, ya sea que tengas una marca personal o una gran empresa.

#3: Fotos y videos de "Cómo".

Este tipo de contenido debe ser práctico y educativo. El contenido instructivo es extremadamente valioso y funciona bien en Instagram. Ya sea que desees mostrar a tu audiencia cómo hornear galletas, hacer un cóctel o maquillarse de la manera correcta para diferentes ocasiones, este contenido atraerá a la tribu adecuada. También puedes crear una serie de imágenes que muestren a tu audiencia cómo utilizar una nueva función de tu aplicación de software.

#4: Sorteos.

Este tipo de contenido suele ser parte de una campaña más grande. Es excelente para generar expectativa y atraer seguidores y fanáticos potenciales en Instagram. ¿Por qué? ¡Porque a la gente le encantan las cosas gratis! Una publicación o video de un sorteo prácticamente invita a las personas a participar en algo que has creado para que puedan ganar algo. Funciona porque fomenta el intercambio social y es una forma rápida de aumentar tus seguidores. Solo asegúrate de tener un buen plan detrás y de regalar algo valioso a la audiencia sin dejar de ser relevante para tu marca. Por ejemplo, ¡una marca de golf no debería regalar un iPhone! En cambio, algo relacionado con el golf debería ser el premio principal. ¿Ves a lo que me refiero?

#5: Adquisición de influencers.

Puedes asociarte con un influencer en tu nicho y hacer que se hagan cargo y publiquen contenidos e historias de Instagram durante un tiempo determinado. Atraerá una nueva audiencia, ya que le da a tu cuenta la exposición a su audiencia. También crea una excelente variedad en tu Feed. Este contenido es excelente para hacer crecer tu base de seguidores y fanáticos si tienes acceso a influencers.

#6: Publicaciones con influencers.

Este tipo de publicación puede ser creada por ti o por el influencer que presentas. Funciona excepcionalmente bien para las marcas de comercio electrónico porque si puedes conseguir que alguien influyente muestre tu producto, puedes mostrar a tus seguidores lo bueno que es tu producto. Incluso si eres quien publica la imagen o el video que menciona al influencer que usa tus productos, a los usuarios les encanta ver nombres conocidos respaldando tu marca.

#7: Imágenes y videos generados por el usuario.

Este tipo de publicación se encuentra entre el contenido con mejor rendimiento en lo que respecta a la conversión. Aunque tú no creas el contenido, puedes incentivar a las personas a que creen este tipo de contenido y lo compartan contigo para que puedas volver a publicarlo en tu Feed. Las personas siempre están más preocupadas por cómo tu producto o servicio puede mejorar sus vidas, por lo que este tipo de contenido produce un excelente compromiso. Si ya tienes una base de clientes existente, este es el contenido que puedes obtener de inmediato para impulsar tu campaña de marketing. Brinda a los clientes anteriores o existentes una oferta irresistible para que puedan crear publicaciones y etiquetarte o usar un hashtag en particular para que puedas tener este contenido fácilmente accesible en un solo lugar, listo para su curación y publicación.

Concéntrate En Tu Tema Y Estilo Visual

En alineación con tu plan de contenido y apegándote a tu nicho, también es importante mantener constantemente un tema que le recuerde fácilmente a la gente lo que representas. Ya hablamos sobre la importancia de crear una apariencia coherente. Esto podría ser tan simple como el color que usas, cómo recortas los bordes, el diseño de los patrones o una combinación de algunos de estos. Tener esa consistencia capacita a los seguidores nuevos y potenciales en tu estilo único y les ayuda a saber qué esperar de ti. Les facilita la detección de tu contenido en su Feed, lo que aumenta las posibilidades de participación. Compartamos algunos ejemplos de cómo debería ser un gran estilo visual y algunos ejemplos de temas populares de Instagram, para que no te quedes atascado.

- **Fondo Limpio**

Este tipo de tema es ideal para los amantes de la comida o para cualquiera que quiera enfatizar los detalles sin distracciones. Al usar este tema, tu audiencia se sentirá más atraída por el tema principal de la foto. Muchos blogueros de comida usan este tema en su Feed. Para que funcione para ti, se recomienda obtener un espacio con un fondo completamente blanco y buena iluminación. Esto reducirá enormemente tu tiempo de edición y, por supuesto, puedes usar una aplicación de edición para los toques finales.

- **Blancos Brillantes**

Este es un tema muy popular, especialmente para fotógrafos y diseñadores. Es fresco, limpio y brillante, lo cual hace que el Feed sea armonioso y los detalles realmente resalten. Para crear este tipo de tema, debes tomar la mayoría de tus fotografías en un espacio en blanco brillante con luz natural. También puedes utilizar una aplicación de edición para obtener ese aspecto brillante y limpio. Luego, organiza las fotos con toques de color de manera equilibrada para igualar el equilibrio de color en tu Feed.

- **Bordes Alternados**

Este tipo de tema es bastante popular en Instagram y fácil de crear. Todo lo que necesitas hacer es editar tu foto en una aplicación primero. Puede usar aplicaciones como InShot y A Color Story para enmarcar tus imágenes.

- **Contrastes de Color**

Si te encantan las salpicaduras llamativas o los colores contrastantes, ¿por qué no convertir eso en un tema? Sí, sé que la norma suele ser un solo color, tono o matiz en una foto, pero a veces ser atrevido puede valer la pena. Echa un vistazo a @colormecourtney para ver a qué me refiero. Su Feed es audaz y lleno de energía vibrante. Si deseas algo similar, todo lo que necesitas hacer es invertir en una aplicación de edición que pueda ayudarte a elevar el volumen de todos los tonos radiantes que tendrás. Y, por supuesto, asegúrate de tomar fotografías en las que puedas encontrar muchos colores contrastantes. A medida que publiques, ten en cuenta la disposición para que puedas equilibrar las imágenes. Una buena regla general es cambiar la ubicación de los colores y evitar que las manchas de un color dominen el Feed. Opta por ese efecto de arco iris mágico y sorprenderás a tu audiencia.

Subtítulos De Instagram

Dime si has tenido esta experiencia recientemente. Observas una publicación de tu celebridad favorita y haces clic en ella para ver la publicación completa. Entonces te das cuenta de que la publicación (generalmente una selfie) ha obtenido miles de me gusta y mucha atención. Sin embargo, la celebridad ni siquiera publicó un solo subtitulo. Era solo una selfie linda o sexy de ellos mismos y su perro.

Es posible que te sientas inclinado a asumir que tus publicaciones atraerán la misma atención incluso si no dice una palabra en los subtítulos. ¡Estarías completamente equivocado! Claro, si es una foto tuya semidesnudo con muchos hashtags correctos, es posible que tengas suerte y recibas algo de atención, es decir; alcance, pero si quieres participación y conversión, tendrás que hacerlo mejor que solo un selfie medio desnudo y veinte hashtags.

Lo que necesitas son subtítulos poderosos. Estos son textos escritos cuidadosamente elaborados para ayudarte a que tu audiencia pase de ser curiosa e interesada a participar seriamente en lo que deseas que sepan sobre tu marca.

Por cierto, esa celebridad que puede salirse con la suya sin usar subtítulos en su publicación probablemente tenga millones de seguidores. Entonces, obtener un par de miles de Me gusta es factible. Hasta que llegues al punto en que las personas estén tan obsesionadas con tu marca que quieran saber qué batido tomaste en el desayuno, quédate con la creación de publicaciones con subtítulos significativos.

¿Cómo Creas Increíbles Subtítulos De Instagram?

Dado que Instagram es una plataforma muy visual, no es necesario que te conviertas en un experto en redacción publicitaria. Ni siquiera necesitas muchas palabras. La gente está en esta plataforma para deleitarse con la vista, y la lectura no es una prioridad tan alta, por lo que la brevedad y la dulzura te servirán mejor que textos largos.

El propósito de un subtítulo de Instagram es contar más de la historia detrás de tu imagen o publicación de video. Ya sea que lo hagas en una oración pegadiza o en unos pocos párrafos, lo que importa es que el mensaje se transmita con claridad. Supón que la imagen o el video trata sobre una venta o un evento. En ese caso, tus subtítulos deben dar explicaciones e instrucciones claras sobre cómo participar y dónde. Si tu publicación es sobre tu negocio, asegúrate de compartir por qué esto afecta a tu audiencia, quién estuvo involucrado en esa publicación en particular, tal vez incluso celebrando a los miembros del equipo si corresponde.

Mejores Prácticas Para Escribir Subtítulos De Instagram

- **Concéntrate en agregar valor, no en la longitud.**

No hay una longitud correcta o incorrecta para los subtítulos de Instagram. Algunas cuentas tienen una copia larga e igual obtienen una alta participación. Al mismo tiempo, otros usan una sola oración, pero también tienen tasas de participación más altas. Lo que importa es el valor de las palabras escritas. Utiliza ese espacio para ofrecer consejos y compartir trucos o trucos de la industria. Si estás hablando de tu negocio, asegúrate de que esté centrado en el cliente y no sea de autopromoción tanto como sea posible. Si estás compartiendo una historia de fondo, agrega detalles que sean relevantes y atractivos para tu audiencia. Cuanto más pienses en la experiencia del usuario, más fácil será crear algo que las personas quieran darle un me gusta, guardar e incluso compartir con sus amigos.

- **Escribe como un humano para un prójimo.**

Un error que veo con algunas cuentas es que tratan de ser formales y antinaturales y es fácil de detectar. Parece falso, especialmente cuando el tono de la copia no se alinea con el tema y las imágenes del Feed. En Instagram, quieres ser lo más amigable y accesible posible. Piense en ello como enviarle un mensaje de texto a tu amigo. ¿Cómo le comunicarías un mensaje? Ese mismo estilo auténtico y natural es lo que necesitas agregar a tus subtítulos de Instagram. Si no usas palabras grandes y formales cuando hablas con amigos, no lo hagas en tu cuenta de Instagram.

- **Utiliza un gancho.**

La primera oración de tus subtítulos debe tener un impacto en los lectores. Esto es lo que verán antes de hacer clic en el icono más. Hazlo atractivo y verás una mejor participación.

- **La narración es la salsa secreta del éxito.**

La personalidad y la narración de tus subtítulos harán que las personas se involucren más contigo. No temas expresar tu verdad y condimentar las cosas con tu propio vocabulario. Si revisa cuentas como @HDFMAGAZINE, obtendrás una muestra de cómo se ve la expresión auténtica en Instagram. Esta marca es consistente con su tema, tipo de publicaciones y subtitulo en cada tema. Publican subtítulos largos y aún obtienen una participación e interacciones fantásticas de sus seguidores porque saben cómo usar frases descriptivas, emocionales y anécdotas en sus subtítulos.

- **Asigna un propósito e intención a cada palabra de la publicación.**

Debe haber una razón específica para escribir tus subtítulos. Esa razón debe alinearse con tus objetivos comerciales generales y el objetivo de la imagen o el video, lo cual ya abordamos anteriormente. Por lo tanto, conocerás el propósito de los subtítulos y alentarás a tus seguidores a tomar las medidas adecuadas. Puedes agregar una llamada a la acción o hacer una pregunta para que tu audiencia pueda participar en un concurso, comprar un producto específico, hacerte preguntas sobre participación e interacciones en vivo, visitar tu sitio web o seguir tu cuenta. Las acciones que puedas solicitar a tu audiencia no tienen fin, siempre y cuando sean congruentes con la imagen o el video.

Ejemplos de acciones para agregar a tus subtítulos. "Haz clic en el enlace en la biografía", "Déjeme un comentario a continuación con tu respuesta", "Etiqueta a un amigo que necesita escuchar / leer / ver / ganar esto hoy".

- **Usa emojis generosamente.**

Los emojis en tus subtítulos de Instagram agregan ese sabor extra que anima tus subtítulos. Te hace lucir alegre y lleno de personalidad. También puedes usar emojis al final de una oración como sujetalibros o para dividir una copia larga. Dada la naturaleza divertida de la plataforma, incluso podrías sustituir ciertas palabras con emojis relevantes. Por ejemplo, en lugar de escribir la palabra "libros", puedes utilizar 📚. Lo único que debes tener en cuenta es la cantidad de emojis que usas. No exagere y asegúrate de usar algo en línea con tu tono de voz.

Si buscas inspiración en emojis que llamen la atención sobre un llamado a la acción, esto es lo que me gusta usar: 🔥👆📌🎯🔗

Ejemplos De Subtítulos De Instagram Para Inspirarte

• **Subtítulos divertidos de Instagram.**
Namast'ay en la cama.
No sabemos qué es más ajustado: nuestros jeans o la cultura de nuestra empresa.
Viernes... Mi segunda palabra con V favorita.
Solo soy una chica parada frente a una ensalada, pidiendo que sea un cupcake.

• **Subtítulos de Instagram para empresas.**
En [nombre de tu empresa], nuestro mejor activo es nuestra gente.
Las cosas grandes a menudo tienen comienzos pequeños. La historia de [nombre de tu empresa] comenzó aquí mismo, en este sótano.

• **Subtítulos atrevidos en Instagram.**
Tengo 99 problemas, pero un equipo de marketing increíble no es uno de ellos.
No se llama ser mandón. Se llama tener habilidades de liderazgo.
Soy un gusto adquirido. Si no te gusto, adquiere un poco de gusto.

Tómate un momento para pensar en el tipo de subtítulos que crearás para tus primeras publicaciones. ¿Vas a parecer gracioso? ¿Inspirador? ¿Serio? ¿Atrevido? ¿Polémico?

Hashtags En Abundancia

Aunque Twitter fue la primera plataforma en adoptar oficialmente hashtags en 2009, el origen del primer hashtag en 2007 se le atribuye a Nate Ridder. Usó #sandiegoonfire en sus mensajes sociales para informar a la gente sobre los incendios forestales que estaba experimentando su área local en ese momento. Avance rápido hasta 2021, y los hashtags dominan muchas de las plataformas sociales, especialmente Instagram. Estoy seguro de que conoces y usas hashtags particulares, y has escuchado a los especialistas en marketing alentar a los usuarios de Instagram a usar hashtags como una forma de aumentar el alcance. ¿Pero conoces el verdadero propósito de usar un hashtag?

Los hashtags están destinados a ayudarnos a agrupar contenido similar. Eso hace que sea más fácil para la persona adecuada encontrar el contenido adecuado en el momento adecuado con el mínimo esfuerzo. Otra forma de mirarlo es a través de la lente de que lo similar atrae a lo similar. Las personas con intereses similares se reunirán en torno a un tema con el que resuenen. Tu marca debe crear contenido que permita a tu tribu (personas interesadas en tu tema) aprender más sobre tu producto, campaña y el contenido informativo que tienes.

En Instagram ayudamos al algoritmo a clasificar nuestro contenido y entregarlo a las personas adecuadas a través del sistema de hashtag. Actualmente, los hashtags más populares en Instagram son #picoftheday, #photooftheday, #love, #fashion, #beautiful, #instagood, #happy, #cute, #tbt, #like4like, #followme, #selfie, #me, #summer, #friends, #repost, #nature, #girl, #fun, #style, #food, #instalike, #family, #travel, #life, #beauty, #nofilter, #amazing, #instamood, #instagram, #photography, #fitness, #smile, #instadaily, #art

Cómo Crear El Hashtag Para Tu Marca

Esta opción solo es favorable una vez que hayas obtenido un tamaño decente de seguidores. Cuantas más personas se relacionen contigo y se familiaricen con tu marca, es más probable que comiencen a usar el hashtag de tu marca. También es genial crear sorteos y concursos porque las personas pueden agregar un hashtag de campaña específico para participar. Cuanto más grande sea tu marca en las redes sociales, más personas comenzarán a usar tu hashtag, lo que facilitará la escucha social.

Cuando te decida por un hashtag para tu marca, asegúrate de que sea breve y único para tu marca. Deberías evocar una reacción emocional específica que hayas elegido deliberadamente. Ya sea en línea o fuera de línea, si ejecutas eventos, es una buena idea crear un hashtag específico para ese evento. No tengas miedo de incorporar un poco de humor e inteligencia si se alinea con tu marca y tema. He visto algunos grandes fracasos en los que las marcas fueron demasiado lejos y no investigaron el hashtag lo suficientemente bien o se olvidaron de considerar si había un significado oculto detrás del hashtag elegido que resultaría poco atractivo. Lo más importante es conocer a tu audiencia y cómo perciben tu negocio para que puedas usar el tono correcto cuando se te ocurra algo pegadizo. Independientemente de lo atrevida que sea tu marca, ten en cuenta los hashtags que crees y piense en la asociación a largo plazo y la reputación percibida. Me encanta ver hashtags de marca como #ShareACoke o #justdoit, así que una vez que tengas una audiencia activa, considera crear tu propio hashtag de marca.

Las Mejores Prácticas Para Elegir Hashtags

Recomiendo crear una combinación saludable de hashtags populares y superniquilados para impulsar el crecimiento de tu cuenta. Por ejemplo, #love es enorme, con 1.900 millones de publicaciones. Hacer que tu contenido se destaque con ese hashtag será un gran desafío. Entonces, lo mejor que puedes hacer es combinar ese hashtag con otros que tengan menos volumen y competencia. Una excelente manera de determinar con qué emparejarlo es usar una herramienta generadora de hashtags como All Hashtag o Hashtagify. También puedes realizar una investigación de palabras clave utilizando Google o Ubersuggest. Los hashtags de cola larga pueden funcionar mejor siempre y cuando sepas que esta es una frase que el usuario está escribiendo. Además de usar las menciones de palabras clave populares, también puedes agregar #loveisintheair, #lovestory, #lovepuppies, #lovelife, #lovinglife, #lovethis, #lovenature u otra combinación que se adapte mejor a tu contenido.

Además de usar un puñado de hashtags populares, también puedes usar hashtags de tendencias, pero nuevamente, asegúrate de que sea relevante. Por ejemplo, si se trata de una oferta de verano, por supuesto, #verano y #venta funcionarán mejor. Si tienes algo único que ofrecer para una ocasión especial o crea contenido específico para unas vacaciones, asegúrate de utilizar el hashtag adecuado. Por ejemplo, usa #valentinesday en febrero y #Navidad en diciembre, ya que estos hashtags son tendencia durante esos meses específicos.

Consejo de expertos.
Si deseas aprovechar al máximo esta estrategia de hashtag, puedes seguir un hashtag y una etiqueta de ubicación que estén vinculados a tu nicho e interactuar con los participantes. Por ejemplo, si eres un influencer emergente de Instagram, puedes encontrar eventos para marketing en redes sociales o eventos de redes de pequeñas empresas para marketing digital.

Planifica Tus Publicaciones

Instagram es una plataforma muy visual con mucha competencia, por lo que, si no planificas tu contenido correctamente, entonces te estás preparando para fallar. Por lo tanto, el siguiente paso importante que debes tomar ahora es trazar en un calendario o plantilla el tipo de contenido que crearás durante los próximos 90 días. Si eres más artístico o simplemente disfrutas de los tableros de humor, ahora es el momento de crear uno. Si te gusta Excel o la hoja de cálculo de Google, úsala para seleccionar y trazar las categorías, el tema y el tipo de publicación que crearás.

Esto es lo que necesitas en tu hoja de cálculo: fecha de publicación, hora, nombre del archivo de contenido o enlace (si es un video subido), el enlace que se agregará a la sección de biografía, título de la imagen, hashtags, objetivo/campaña.

Crea también una nueva página en tu hoja de cálculo para las Historias de Instagram para que puedas monitorear esto por separado.

Decide cuánto contenido crearás y cuánto se curará, luego reúne el contenido necesario y comienza a completar tu plan. Dado que se trata de una cuenta nueva y todavía estás aprendiendo las cosas, permítete ser flexible con el tipo de contenido. Puedes comenzar asumiendo que tu audiencia se sentirá atraída por tu cuenta principalmente por contenido educativo pequeño, pero luego te darás cuenta rápidamente que las publicaciones con mejor rendimiento son contenido hermoso enfocado estéticamente o tal vez contenido enfocado en el usuario. Observa el rendimiento de tu contenido de mes a mes para determinar cómo ajustar y de qué contenido crear más. Algunas cosas clave que debes buscar incluyen la cantidad de nuevos seguidores que estás ganando de un mes al siguiente, la cantidad de personas a las que les gusta, comentan y guardan tu contenido.

Otra cosa que deseas incluir al planificar el contenido es algo de variedad. Las imágenes por sí solas no serán suficientes en 2021. También debes experimentar con videos y otros gráficos geniales. No olvides mantener un tema visual consistente incluso cuando pruebes videos. Presta atención a los colores, filtros, fuentes y patrones de estilo, como mencionamos anteriormente.

Herramientas Para Planificar Y Programar Tus Publicaciones

Para facilitar la gestión de este proceso, puedes utilizar herramientas de planificación y herramientas de programación. Puedes crear una hoja de cálculo para la planificación visual, como acabo de mencionar, de forma gratuita u obtener una herramienta como Later, Asana, Trello o cualquier otra herramienta de productividad con la función de calendario de contenido. Las herramientas de programación más recomendadas incluyen Buffer,

HubSpot, Later, Meet Edgar y Sked. Aunque la mayoría de las herramientas solo te permiten publicar una sola imagen, puedes optar por un software como Sked que te permite publicar Historias y carruseles si tienes un poco de presupuesto.

Guías de Instagram

Instagram lanzó un nuevo formato para compartir contenido curado y desplazable llamado Guías de Instagram y están ganando popularidad rápidamente. Es una nueva forma de publicar recomendaciones y consejos útiles y, aunque comenzó como una forma para que Instagram permitiera a las personas en el cuidado de la salud y otros defensores del bienestar proporcionar recursos durante la pandemia de COVID-19, ahora está disponible para todos los usuarios.

Puedes acceder a esta función tocando el icono más en la parte superior derecha de su página de perfil y seleccionando "Guía" en la parte inferior de la lista. Una vez que hagas clic, aparecerán tres formatos, es decir; lugares, productos y publicaciones.

Lugares; recomienda lugares de tu ciudad y más allá.

Productos recomienda tus productos favoritos. Muy útil para influencers de Instagram y vendedores afiliados.

Publicaciones; recomienda las publicaciones que has creado o guardado.

Como puedes ver, existe una gran oportunidad para que tú, como creador, agregues valor y construyas autoridad con tu audiencia. Por ejemplo, se puede usar una guía de publicaciones para crear un hilo de publicaciones de Instagram que tú creaste o guardaste previamente con un título personalizado y comentarios adicionales. Usa esto para mejorar tu estrategia de narración de historias. También puedes ofrecer consejos u orientaciones útiles. Si abres una Tienda de Instagram, también puedes usar la opción Productos para seleccionar algunas de tus mejores ofertas.

Cómo utilizar las guías de Instagram para hacer crecer tu marca y tu negocio
Esta es una herramienta increíblemente poderosa para hacer marketing de valor primero. Ya seas un Influencer de Instagram o el propietario de una pequeña empresa, piensa creativamente en servir a tus clientes potenciales y nuevos seguidores. ¿Qué tipo de contenido, consejo u orientación los beneficiaría que también pueda generar negocios para ti?

Por ejemplo, si eres el propietario o gerente de un restaurante o cafetería, crear Guías para "Lugares" es excelente para compartir recomendaciones basadas en la ubicación, como guías de la ciudad, dónde comer, etc. También puedes seleccionar tus publicaciones con el último menú o la recomendación de los Chefs. En otras palabras, solo estás limitado por tu creatividad y tu voluntad de esforzarte para crear las guías.

Para las tiendas de comercio electrónico, tener una guía de productos puede permitir mostrar tus más vendidos y hacer que la gente compre más que nunca.

Para acceder a una Guía de Instagram, ve a tu perfil o la página de perfil de un usuario y selecciona el nuevo icono de Guías en la pestaña de Feed. Al hacer clic en ese icono, verás todas las guías creadas por el propietario de esa cuenta. También puedes compartirlas fácilmente en tus Historias de Instagram tocando el icono del avión de papel en la esquina superior derecha de la pantalla.

Capítulo 07: Tomar fotos geniales para tu cuenta de Instagram

Centrémonos en los aspectos técnicos de la creación de una marca exitosa en Instagram. Como se ha dicho varias veces, esta es una plataforma de primer orden visual. Por lo tanto, tiene sentido brindarte algunos trucos sobre cómo hacer que tus fotos aparezcan en el Feed. Si estás en una industria que fotografía bien, como la belleza, la comida y los viajes, entonces; por supuesto, te resultará más fácil crear contenido increíble siempre que tengas el equipo adecuado. En breve hablaremos sobre qué equipo puedes usar con un presupuesto corto. Pero, ¿qué pasa si estás en un nicho que no se fotografía bien? ¿Qué pasa si tu tema es aburrido y carece de ese atractivo estético?

No todo está perdido. Me he encontrado con cuentas realmente creativas de nichos que la mayoría de nosotros consideramos absolutamente aburridos, como lesiones personales, seguros de vida, banca de inversión, y podría seguir y seguir. Una cosa que he notado sobre las "marcas aburridas" que tienen éxito en Instagram es el enfoque que utilizan. La mayoría de estas cuentas no intentan ser algo que no son. En cambio, van con la corriente y crean un Feed que es estéticamente agradable para acumular un gran número de seguidores. Las imágenes que utilizan son algo relevantes para la idea principal de lo que hacen; sin embargo, no se centran en absoluto en vender su producto o servicio. En cambio, solo quieren desarrollar una fuerte presencia en línea con un gran número de seguidores.

Por ejemplo, encontré una hermosa fuente de motivación que compartía impresionantes fotos de la naturaleza y frases motivacionales sobre lecciones de vida. Me encantó tanto que seguí esa cuenta. Poco después, recibí un mensaje de bienvenida seguido de un video del propietario de la cuenta, quien resultó ser un abogado. Cura frases y toma hermosas fotografías de la naturaleza para llamar la atención y luego construye una relación a partir de ahí. Por supuesto, su conversión puede no ser tan alta como la de un blogger de comida. Aun así, dado que tiene 300 mil seguidores, estoy bastante seguro de que puede convertir suficientes clientes para sus servicios de lesiones personales. Ese es un ejemplo clásico de hasta qué punto un poco de creatividad puede servirte en Instagram. Entonces, independientemente de tu nicho, puedes tener éxito en Instagram. Comienza con la toma de excelentes fotografías.

¿Qué Equipo Especial Toma Fotos Geniales Para Instagram?

La verdad es que no necesitas una cámara especial para tomar una foto digna de Instagram que hará crecer tu canal. Algunos Instagrammers se han convertido en influencers y han acumulado una gran cantidad de seguidores con imágenes de un iPhone. Por el contrario, otros han invertido miles de dólares en equipos y una impresionante configuración de estudio. No hay respuesta correcta o incorrecta. Empieza donde estás con las herramientas a mano.

Lo más importante de tu imagen es la edición y la intención detrás de ella. Sin embargo, compartiré una pequeña lista de cosas en las que puedes invertir si tu presupuesto lo permite:

#1. Una cámara que conoces lo suficientemente bien.
Si bien es excelente actualizar tu tecnología e invertir en cámaras costosas, es mejor comenzar con lo que conoces. Puedes usar un teléfono inteligente, una cámara sin espejo o un DLSR.

Las cámaras sin espejo son más pequeñas, livianas y tienen características más modernas. Las DSLR son más pesadas, de mayor tamaño, con una duración de batería más larga, mejor y mejores sistemas de enfoque automático.

Un teléfono inteligente también puede hacer el truco, especialmente si estás trabajando con los últimos iPhones o móviles Android. Los teléfonos inteligentes como el iPhone 11 Pro, Google Pixel 4 y Samsung S20 son excelentes opciones si deseas ceñirte a la fotografía móvil. También hace que el proceso de edición y publicación sea muy simple, especialmente una vez que conozcas el último software que puede convertir tus imágenes de buenas a extraordinarias. También puedes obtener lentes de iPhone si deseas mejorar la imagen. Considera la posibilidad de adquirir los lentes Moment, que te ofrecen un efecto de gran angular o telefoto. Esto también es genial para las Historias de Instagram. Lo más importante es aprender a utilizar todas las funciones de tu teléfono inteligente. Hay mucha información en YouTube que puedes mostrarte cómo tomar las mejores fotografías desde tu teléfono inteligente. TechSpot tiene un excelente artículo, al que vincularé en la página de recursos que comparte consejos para tomar excelentes fotografías con un teléfono inteligente.

Si deseas una gran cámara sin espejo, considera la posibilidad de adquirir la Sony a6100. Tiene una pantalla fantástica para hacer fotos con visualización en vivo y tiene 11 fotogramas por segundo de gravación RAW y video 4K. También tiene un autoenfoque de detección de ojos. La mejor parte para un principiante es que con la a6100, podrás tomar fotos en lo alto o bajo del suelo sin tener que acostarte en el suelo gracias a su pantalla LCD inclinable en la parte posterior. La pantalla se voltea hacia arriba, lo que hace que las selfies y los vlogs sean muy fáciles. Una cosa más que mencionar es que la cámara incluye Wi-Fi, que es algo que todo principiante necesita para hacer que la exportación de imágenes sea más rápida. Si tienes un teléfono Android, esta cámara tiene NFC incorporado para transferir fotos con un toque, por lo que si tienes el presupuesto y puedes permitirte invertir alrededor de $848, este es un excelente punto de entrada.

¿Prefieres Canon en su lugar? Qué tal experimentar con Canon Rebel T3i, que también tiene excelentes características, incluida una pantalla que gira, lo que hace que las selfies sean súper fáciles.

Para una cámara DSLR, mi recomendación es Canon T6i, que viene con una pantalla plegable y una pantalla táctil. Viene con un sensor CMOS de 242 megapíxeles (APS-C), ISO 100-12800 (ampliable a H: 25600) y el modo de película EOS Full HD ayuda a capturar resultados brillantes en formato MP4. También puedes consultar Canon 80D y M50, vienen con enfoque automático de doble píxel. ¿Por qué es importante esto? Si vas a grabar mucho en vivo, una cámara DSLR con enfoque automático de doble píxel será la mejor opción para ti. El T6i no viene con enfoque automático de doble píxel. Aun así, tiene Wi-Fi incorporado para que puedas editarla y subirla fácilmente en Instagram.

#2. Un gran equipo de iluminación.
La mejor iluminación siempre será la luz solar natural. Entonces, si no tienes presupuesto para invertir en equipos de iluminación, pero vives en un lugar soleado, entonces tienes todo lo que necesitas para esa toma perfecta de Instagram. Sin embargo, si tu presupuesto te permite invertir en algún equipo de iluminación, considera comprar algunas luces de anillo, que generalmente varían en precio. Puedes obtener algunos por tan solo $20 o comprar un

softbox si tienes el dinero. Yo comencé con una caja de luz Neewer 700W Professional Photography 24 "X24"/60X60cm con kit de iluminación E27 Socket Light. Y cuesta alrededor de $90, pero vale la pena el precio.

#3. Trípode.

Necesitarás un trípode para sostener tu cámara (especialmente cuando hagas selfies o Instagram Live). A nadie le gustan las imágenes o los videos temblorosos, por lo que esta es una excelente manera de asegurarse de que tus imágenes se vean profesionales. Dependiendo de tu cámara, puedes obtener un trípode que sujete específicamente tu dispositivo en su lugar. No tienes que gastar mucho dinero en esto. Un trípode básico de 60 pulgadas funcionará bien.

#4. Remoto.

Un control remoto económico que se empareja con la cámara elegida de forma inalámbrica y se puede usar a menos de 10 pies es una gran inversión si estás haciendo esto solo. Te ahorrará mucho correteo de un lado a otro o el uso de temporizadores.

#5. Un lienzo en blanco y una superficie reflectante.

Definitivamente es opcional, pero es bueno tenerlo. Dependiendo de si se trata de una empresa que realiza principalmente imágenes de productos o una marca personal que toma selfies y grabaciones de video cara a cámara, es posible que desees invertir en un lienzo en blanco y una superficie de reflejo para una producción de mejor calidad. Para una superficie de reflejo, recomiendo usar una tabla de espuma, que es barata y funciona tan bien como un elegante equipo de estudio profesional. Para aprovechar al máximo tu reflector, primero, coloca su configuración con la fuente de luz principal y luego usa el reflector para hacer rebotar la luz en las áreas sombreadas.

También puedes ser creativo con opciones de lienzos en blanco e improvisar con una tabla de espuma de nuevo o incluso una pared blanca lisa si buscas ese aspecto tradicional.

Otros extras que debes conocer incluyen una tarjeta de memoria, que es muy útil si eliges comprar una cámara. También te sugiero que consigas una correa y una funda para la cámara. Estos te protegerán a ti y a la cámara, especialmente si eres un fotógrafo activo. Si inviertes en una cámara, un último consejo es conseguir un gran lente y quizás incluso una batería secundaria para asegurarte de estar siempre preparado. Infórmate sobre las distintas opciones de lentes disponibles a un precio que puedes pagar fácilmente, y que también combinan bien con tu elección de cámara. ¡Y ya está! Nada demasiado complicado e incluso podrías simplemente comenzar con un teléfono inteligente hasta que tu cuenta gane el impulso suficiente.

Capturando Momentos

Si eres un fotógrafo activo y quieres que tu Feed sea todo sobre momentos de acción de personas en movimiento, hacerlo bien puede ser bastante abrumador. Entonces, ¿cómo lo haces para ti o para un amigo?

Bueno, hay varias opciones a considerar. Si invertiste en un control remoto para tu cámara, siempre podrías colocar la cámara en el lugar correcto y tomar la foto. O si estás haciendo una toma en movimiento, puedes configurar un temporizador o grabarlo como un video y luego pausar y tomar una captura de pantalla de ese momento en particular que deseas capturar.

Lo principal a tener en cuenta es que las fotos de acción no tienen por qué parecer perfectas y fuera de este mundo. Lo que importa es la intención y la historia detrás de la imagen. Por lo tanto, si estás celebrando haber completado un maratón o tomas fotografías de clientes que se divierten con sus productos, o usas un estilo al aire libre, concéntrate menos en hacerlo perfecto y más en capturar la luz correcta. La iluminación es lo que se necesita cuando se trata de capturar momentos. Considera tomar fotos durante el amanecer o el atardecer, ya que ese es el mejor momento. Esto es, por supuesto, principalmente para fotógrafos que se centran en imágenes y contenido al aire libre. Pero, ¿y si quieres enfocarte en fotos fijas en casa? ¿Qué buena configuración es fácil de crear?

Una Configuración Para Tomar Fotos Fijas

Ya sea que vayas a usar tu teléfono o una cámara para tomar fotografías, aquí tienes algunos consejos que te ayudarán a tomar fotografías como un profesional.

- **Opta por lo brillante.**

Las mejores fotos fijas se toman en interiores con gran luz natural o en exteriores con luz natural. No se puede superar la claridad y la nitidez de los colores que conlleva el uso de una gran luz natural. La buena luz es la base de una gran foto, así que tómate el tiempo para estudiar el dispositivo que usarás.

Consejo de expertos.

La luz del frente siempre será la más favorecedora. La luz lateral hace que el sujeto se vea más tridimensional, resalta la textura y crea un efecto de mal humor; los sujetos iluminados desde atrás se ven soñadores y resplandecientes.

- **Elije el momento adecuado para tu sesión de fotos.**

La naturaleza tiene su propio filtro de Instagram conocido como la hora dorada por los fotógrafos. Cuando el sol está bajo en el horizonte, cada foto se ve más impresionante. Si puedes planificar tu rodaje en este momento, entonces, por supuesto, aprovéchalo. Pero incluso si no puedes, comprende tus limitaciones y qué puede funcionar a tu favor. Por ejemplo, una sesión de mediodía con muchas nubes puede funcionar igual de bien si sabes lo que estás haciendo.

- **Sigue la regla de los tercios.**

Al tomar una imagen fija, la regla de los tercios es uno de los principios de composición más conocidos. Divide una imagen en una cuadrícula de 3x3 y alinea el sujeto u objeto en la foto a lo largo de las líneas de la cuadrícula para crear equilibrio. Algunos teléfonos inteligentes tienen una cuadrícula incorporada para ayudar visualmente a verificar la configuración para ver qué hay disponible. Activa las líneas de cuadrícula de la cámara de tu teléfono para practicar esto antes de tomar una foto.

- **Elije una perspectiva diferente.**

La tendencia normal es tomar una foto desde tu teléfono o cámara a la altura de los ojos. Pero si quieres crear un nuevo punto de vista en tus fotos, te animo a experimentar con diferentes ángulos. Considera tomar fotografías por encima o por debajo. Si tienes una gran cámara, incluso puedes tomar fotos desde el suelo sin tener que agacharte o acostarte en el suelo.

- **Atrae la mirada del espectador.**

Esto es algo que aprendí de un fotógrafo profesional. Me enseñó el concepto de "líneas principales". Estas son líneas que atraviesan una imagen que atraen la atención y añaden una sensación de profundidad. Puedes utilizar esta técnica para agregar movimiento o propósito a tu foto. Las carreteras, los edificios y los elementos naturales como las olas, los árboles y las cascadas ayudan a crear este efecto, así que siempre está atento a la posibilidad de agregarlo a tu foto al tomarla. Otra forma de agregar profundidad es mediante la inclusión de capas o el uso de objetos en segundo plano y en primer plano.

Con esa comprensión básica de los principios involucrados en la buena fotografía, me gustaría compartir algunos de los puntos y temas que funcionan bien en Instagram:

#1. Simetría: Cualquier cosa simétrica siempre será agradable a la vista. Ya sea que estés tomando una foto en la naturaleza o un producto hecho por el hombre, concéntrate en crear simetría y no te equivocarás.

#2. Colores vibrantes: Hay muchos perfiles de Instagram increíbles que van en contra de la tendencia y producen contenido con colores ricos, atrevidos y brillantes. Si puedes capturar esta alta energía y vitalidad en una imagen fija (no te preocupes, existen herramientas de edición para darle ese toque extra), incluso una imagen mundana puede verse absolutamente impresionante.

#3. Patrones: A nuestros cerebros les encantan los patrones, así que, si puedes capturar hermosos patrones en tus imágenes, puedes hacerlo realmente bien. Mira a tu alrededor en la naturaleza y la arquitectura para encontrar patrones que puedas compartir con tu audiencia.

#4. Fondo cautivador: Una imagen fija sobre un fondo impresionante casi siempre se verá hermosa cuando se hace correctamente. Es fácil de hacer, ya sea para un producto o para una selfie. Encuentra o crea un fondo épico y transformará el aspecto final de tu imagen.

#5. Fotos detalladas: Las imágenes fijas pueden llamar la atención en tu Feed si colocas un enfoque nítido en un detalle inesperado o interesante. Yo encuentro estas fotos muy calmantes y aclaradoras a la vista, especialmente después de desplazarme por una transmisión ruidosa. Instagram tiene herramientas de edición como viñetas o mosaicos que mejoran los detalles y áreas específicas de una foto. Si deseas obtener una buena toma fija con este nivel de detalle, te recomiendo que la tomes a corta distancia para que la calidad permanezca intacta.

Una vez que decidas qué configuración y dirección funciona para tu sesión de fotos, experimenta con algunas de estas ideas y deja que tu creatividad te guíe hacia esa toma perfecta.

Uso De Filtros En Tus Imágenes

Mencioné el uso de filtros tales como Vignette, y si eres nuevo en esto, es posible que te preguntes qué son los filtros y por qué los necesitamos. ¿Recuerdas la anécdota de antes sobre que el sol tiene un filtro natural cuando está bajo en el horizonte que hace que todo se vea más hermoso? Si lo pruebas hoy saliendo y tomando una foto justo antes del atardecer y luego nuevamente durante el atardecer, verás a lo que me refiero. Hay un efecto añadido que hace que toda la experiencia sea impresionante. Instagram, así como otras herramientas de software de edición, tienen la misma capacidad de ajustar y modificar "de forma poco natural" la apariencia de tu foto. Instagram viene con filtros incorporados que puedes usar para manipular el aspecto final de tu foto antes de publicarla. Al usar uno a tres de los mismos filtros en todo tu Feed, se crea un efecto armonioso. Todas las grandes cuentas que sigues, especialmente las de celebridades de belleza y fashionistas, tienen esto en común. Todos usan ciertos filtros de manera consistente. Incluso el bloguero de comida que te hace desmayar cada vez que aparece una nueva publicación probablemente esté usando un filtro cuidadosamente seleccionado. Como parte de la creación de una identidad de marca y una experiencia coherente, es tu turno de elegir un filtro que puedas comenzar a probar para tu Feed.

Los filtros principales y más populares en Instagram si no deseas utilizar una aplicación externa son Clarendon, Gingham y Juno.

Clarendon ilumina, resalta y mejora tu foto con un toque. Intensifica las sombras y hace que los colores resalten, lo que lo hace muy polivalente, por lo que no es sorprendente que sea la opción número uno para muchos Instagrammers.

Gingham tiene un toque vintage e ilumina los tonos cálidos haciendo que una imagen parezca rica y auténtica.

Juno agrega saturación, calidez y un poco de fuerza a los colores, lo que lo convierte en un excelente filtro para todo uso.

Aparte de estos filtros, también tienes la clasificación de filtros Lark, Valencia, Mayfair, Rise, Amaro, Earlybird, Aden y X-Pro II como filtros principales para usar en Instagram. Lo más importante que debes recordar es que no puedes abusar de estos filtros o elegir demasiados en tu Feed. Si quieres ver a las grandes marcas que utilizan filtros excepcionalmente bien, te animo a que consultes Lululemon, Sephora y HubSpot. Es posible que estos no estén en tu nicho, pero te darán algo de inspiración sobre cómo elegir tus filtros.

Decide si optas por una sensación cálida y rústica, limpia y crujiente, u oscura y de mal humor. Eso te dará una guía y te ayudará a descartar muchos de los filtros para enfocarte en los que coinciden con el estado de ánimo de tu Feed. Recuerda verificar tu identidad de marca y asegurarte de que las opciones se alineen y ayuden a representarte bien. La intención principal aquí es conectar a tu audiencia con una emoción particular. Ten en cuenta que también tendrás la opción de agregar filtros cuando se trata de Historias de Instagram. Hablaremos de eso cuando compartamos trucos para arrasar con Historias de Instagram. Así que incluso si quieres jugar con varios filtros, puedes hacerlo en tus Historias. Sin embargo, si deseas algo más de lo que Instagram ofrece de forma predeterminada, puedes descargar aplicaciones para ayudar con la edición de fotos.

Aplicaciones De Edición De Fotos Para Hacer Que Tus Imágenes Sean Impresionantes

¿Necesitas agregar un toque visual y efectos que vayan más allá de lo básico que ofrece Instagram? Aunque creo que Instagram ya ofrece toneladas de funciones útiles, aquí hay aplicaciones que pueden ayudarte con el truco incluso si no tienes experiencia previa de fotografía o gráficos:

• **Para Android e iOS.**

Más de 200 millones de publicaciones de Instagram cuentan con #VSCO, lo que me dice que esta es una herramienta de edición de fotos súper popular. Con esta herramienta, obtienes unos diez filtros preestablecidos gratuitos que pueden mejorar tu foto. También obtienes muchas otras herramientas para manipular cosas como el contraste, la saturación, la intensidad, etc. También puedes recortar tu imagen en la aplicación. Si deseas funciones más sólidas, siempre puedes pasar a premium para abrir más de 200 filtros y otras funciones.

- **Una Historia de Color para Android e iOS.**

La aplicación parece estar especializada en hacer que los colores resalten en tus fotos. Es fácil de usar y viene con 20 herramientas de edición gratuitas que incluyen filtros, efectos y ajustes preestablecidos diseñados por fotógrafos profesionales e influencers.

- **Adobe Lightroom Photo Editor para Android e iOS.**

Todos los productos de Adobe tienen capacidades poderosas y este editor de fotos no es una excepción. Puede editar imágenes sin procesar y convertir las imágenes tomadas con tu dispositivo móvil en fotos de alta calidad y de aspecto profesional que parecen filmadas en película. La aplicación te permite manipular tonos, saturación, exposición, sombras y mucho más. También viene con algunos filtros preestablecidos que son ideales para aquellos que no quieren meterse en el meollo de la edición.

- **Snapseed para Android e iOS.**

Esta aplicación es especialmente útil para fotógrafos profesionales o aficionados. Te permite trabajar en archivos JPG y RAW con todos los detalles que desees y va más allá de los retoques estándar que al resto de nosotros nos gusta usar. Sí, viene con ajustes preestablecidos, pero lo bueno de esta aplicación son las serias habilidades de edición de fotos que puedes hacer gracias a las 29 herramientas y funciones incorporadas. Incluso puedes eliminar elementos (incluidas personas) de tu foto o ajustar la geometría de los edificios. Y todo eso con una precisión y calidad increíbles.

- **Instagram Layout para Android e iOS.**

Esta aplicación de Instagram es gratuita y te permite compilar hasta nueve fotos en varias combinaciones. Facilita el diseño, especialmente si deseas crear collages. Puedes agregar filtros y otros elementos personalizados para compartir rápidamente en Instagram.

- **App Lipix para Android e iOS.**

Es otro gran editor de fotos y collage de fotos que te permite combinar hasta nueve fotos en un solo marco. Puedes personalizarlo con stickers y textos y compartirlo fácilmente en Instagram.

- **Canva.**

Canva es un software de diseño de gráficos muy popular con versiones gratuitas y profesionales. Incluso si no tienes habilidades de diseño, este software basado en la web te ayudará a crear fotos increíbles con toneladas de filtros y plantillas prefabricadas. También tienen una aplicación móvil para Historias de Instagram que te permite crear contenido para tus Historias rápidamente, al igual que los profesionales.

Guardar Borradores

Una vez que hayas creado tu imagen impresionante, es posible que no desees publicarla todavía por cualquier motivo. Durante esos momentos, puedes aprovechar la funcionalidad de borrador de Instagram, que te permite guardar la publicación y publicarla más tarde. Toca el ícono de la cámara en la parte superior de la pantalla para crear la publicación, luego toma o carga tu foto y haz clic en Siguiente. Aquí puedes agregar efectos, filtros, un título o tu ubicación. Para guardar sin publicar, debes volver al paso de filtrado y edición, luego toca la flecha 'hacia atrás' en la esquina superior izquierda > Guardar Borrador. Solo puedes guardarlo como borrador después de editar la publicación y agregar sus subtítulos, ubicación, etc. En otras palabras, debes estar listo para su publicación antes de poder guardarlo como borrador. Si deseas acceder a tus publicaciones, toca el ícono de la cámara nuevamente, luego busca Biblioteca o Galería, y deberías poder verlas.

Si deseas ordenar tu sección de borradores y descartar publicaciones innecesarias, regresa a la sección de borradores y toca Seleccionar Todo, luego toca el botón Editar. Toca las publicaciones guardadas que deseas eliminar y presiona el botón de descartar publicaciones.

Publicar Y Compartir Desde Dispositivos Móviles Y Computadoras De Escritorio

Ya sabemos que Instagram es una aplicación para dispositivos móviles. La mayoría de sus funciones se han creado para que puedas tomar una foto desde tu teléfono móvil o cargarla y publicarla instantáneamente en tu Feed. El proceso es bastante sencillo. Te guía a través de los pasos de edición, agregando subtítulos, etiquetando personas, agregando tu ubicación e incluso publicando en otras plataformas conectadas, como tu página de Facebook. Una vez que presionas publicar, la publicación aparece en tu Feed.

Y si bien esto es rápido y conveniente, muchos creadores, incluido yo mismo, hemos estado buscando formas de publicar desde un escritorio. Cuando desees utilizar herramientas y equipos más avanzados, aprender trucos sencillos que te permitan cargar imágenes editadas desde tu escritorio puede ahorrarte tiempo y energía. Así es cómo puedes hacerlo.

Un Truco Rápido Para Publicar Desde Tu Escritorio

Para este ejemplo haré uso de un Mac de escritorio porque es lo que uso. Primero, debes iniciar sesión en tu cuenta de Instagram a través de Google Chrome. Una vez que estés en tu cuenta, haz clic en "Ver" en la parte superior de la pantalla de tu computadora (donde está tu reloj) para ver un menú desplegable. Luego, dirígete a Desarrollador> Herramientas de Desarrollo. Debería abrirse una barra lateral en tu pantalla, que te mostrará el código de la página web de Instagram. Desde allí, haz clic en "Alternar barra de dispositivo", que es un icono que muestra un teléfono y un dispositivo más grande (junto a "Elementos"). A continuación, deberías notar una pequeña cinta en la parte derecha de la pantalla (junto a la barra lateral del desarrollador) con un menú desplegable configurado en "Responsive". Haz clic en eso y cambia la configuración para que sea tu preferencia, como iPhone X. Deberías ver el cambio de diseño de Instagram para que coincida con la configuración que seleccionaste, con el icono de cámara + en la parte inferior de la pantalla de Instagram para cargar una publicación. Si esto no aparece automáticamente, intenta actualizar tu página. Puedes operar la página de Instagram como de costumbre. Ya está todo listo

Es una forma rápida que no te cuesta dinero. Aun así, si deseas encontrar alternativas, siempre puedes registrarte en herramientas de terceros como Hootsuite, Later, CoSchedule y Buffer, que realizan la misma tarea.

Curar Y Volver A Publicar Contenido De Otras Cuentas De Instagram

Puedes seleccionar fácilmente contenido de otras cuentas. Todo lo que necesitas es el permiso del propietario de la cuenta por escrito y una app o el enlace web con el que te guiaré en breve. Para obtener permiso, considera dejar un mensaje en el cuadro de comentarios o enviar un mensaje directo con tu solicitud. También te animo a etiquetar y mencionar la fuente original de tu contenido cada vez que vuelvas a publicar algo.

Tienes una variedad de opciones, la mayoría de las cuales son gratuitas cuando se trata de reprogramar contenido increíble. En algunos casos es posible que debas descargar una aplicación de la tienda Google Play o Apple.

#1. Descarga DownloadGram

La primera opción es usar este enlace web que te permite descargar copias de alta resolución de fotos y videos de Instagram para volver a publicarlos en tu cuenta. Me gusta esta opción porque ni siquiera necesitas descargar ninguna aplicación adicional para que funcione. Simplemente sigue estos sencillos pasos.

Primero, abre tu Instagram y busca la foto o video que deseas volver a publicar, luego toca el ícono ••• en la esquina superior derecha de la publicación. Haz clic en "Copiar URL compartida".

En segundo lugar, pega la URL en DownloadGram, al que puedes acceder a través de tu navegador de Internet móvil en www.downloadgram.com y luego toca "Descargar". Desplázate hasta la parte inferior de la página de inicio y haz clic en "Descargar imagen" y se te dirigirá a una nueva página web con el contenido listo para descargar. Toca el icono de descarga y luego "Guardar Imagen".

En tercer lugar, dirígete a tu Instagram y carga el contenido como lo harías con una imagen normal. Debería almacenarse automáticamente en las imágenes de tu cámara, así que sigue los pasos normales de edición, adición de etiquetas, subtítulos, etc., antes de volver a publicar.

#2. Haz Capturas De Pantalla

También puedes volver a publicar usando el método simple de tomar una captura de pantalla de una foto que te gusta en Instagram. Para iOS, debes presionar los botones de inicio y bloqueo simultáneamente hasta que la pantalla parpadee. Para Android, debes presionar hacia abajo los botones de reposo/activación y bajar volumen simultáneamente hasta que la pantalla parpadee.

Luego dirígete a tu Instagram y toca el ícono de cámara +. Cambia el tamaño de la foto y edítala para que se ajuste al tamaño de Instagram. En este caso, también te animo a que etiquetes e incluyas el nombre de usuario del creador original.

#3. Volver a Publicar en Instagram en Sistemas iOS y Android

Esta es una aplicación gratuita que se integra directamente con Instagram y te permite seleccionar y compartir contenido directamente desde tu dispositivo móvil. Para usarla, simplemente descarga la aplicación, abre Instagram, toca el icono ••• en la esquina superior derecha y selecciona "Copiar URL Compartida".

Abre 'Repost' si está en inglés, 'Reenviar' en español, y luego vuelve a tu Instagram para encontrar la imagen que desea. Copia la URL de la publicación específica que te gustaría compartir en tu portapapeles. Luego, regresa para volver a publicar, donde la publicación copiada debería aparecer automáticamente en la página de inicio. Toca la flecha en el lado derecho de la publicación.

Si deseas editar o hacer ajustes, aquí es donde lo haces. Una vez que estés satisfecho con la imagen, toca "Volver a publicar". Luego, toca "Copiar en Instagram", donde puedes agregar un filtro y editar la publicación. Recuerda editar los subtítulos de las publicaciones antes de compartir tu reenvío.

Capítulo 08: Crea Videos Increíbles Para Instagram

El hecho de que grabes videos para YouTube o Facebook no significa que puedas cargarlos automáticamente en Instagram. La plataforma no está diseñada para contenido de formato largo y, dado que sabemos que es una primera plataforma basada en imágenes visuales, experimentar con videos es una idea excelente si agregamos un poco de estilo que se alinee con las demandas de las plataformas. En esta sección del libro, analizaremos el proceso de creación o incluso de reutilización de videos que atraen e impulsen la participación en tu perfil.

Hay varias formas de experimentar con los videos. Primero, puedes cargar el video en tu Feed como lo haces con una imagen fija normal. Hay un límite en el tamaño y la longitud que discutiremos en breve. La segunda opción es publicar Historias de Instagram, que se han vuelto extremadamente populares. La tercera opción es crear Reeds de Instagram. Por último, pero no menos importante, es crear tu propia biblioteca de IGTV. Comencemos con la opción más popular: Historias de Instagram.

Historias De Instagram

¿Qué son las Historias Instagram? Una historia de Instagram es una foto o un video que creas y compartes, que es visible para tus seguidores y para los usuarios que sigues. Las Historias de Instagram son únicas en el sentido de que desaparecen después de 24 horas al igual que con Snapchat. Se publica por separado de la galería de tus Feeds, aunque puedes resaltarlos en la sección "Destacados" de tu cuenta.

Para crear una historia de Instagram, abre tu aplicación de Instagram y haz clic en tu foto de perfil en la parte inferior derecha de la pantalla. Luego haz clic en el ícono grande más (+) en la esquina superior derecha de la pantalla, que abrirá un menú desplegable donde puedes seleccionar la opción "Historia" (segunda opción desde la parte superior debajo de Crear Nuevo). También puedes iniciar una historia haciendo clic en el icono + que aparece junto a tu imagen mientras visualizas el panel "Inicio".

Tienes la capacidad de compartir una imagen o video existente deslizando hacia arriba, lo que te llevará a la cámara de tu teléfono. Si deseas crear algo en el momento, puedes elegir el ícono "Lente", que te permite hacer varias cosas:

• **Crear**: Es la primera opción que verás. Te permite escribir texto en un fondo plano sin una foto.

• **Diseño**: Esta opción te permite tomar varias imágenes diferentes para hacer un collage (hasta seis, según el diseño que elijas). También puedes cargar imágenes desde tu cámara.

• **Live**: Esta opción te permite transmitir en vivo en la plataforma de Instagram. Al igual que en Facebook Live, tus amigos y seguidores pueden interactuar contigo. Una vez que finaliza tu transmisión, puedes permitir que siga su curso y desaparezca, puedes guardarlo o puedes publicarlo en Historias de Instagram, donde se puede acceder a ella durante 24 horas adicionales.

• **Normal**: Esta opción te permite capturar una imagen fija (toca una vez) o grabar un video (presiona y manten presionado).

• **Boomerang**: Esta opción graba GIF de hasta tres segundos de duración. Estos son simples, divertidos y reciben mucha atención cuando se hacen correctamente.

• **Superzoom**: Es una lente de grabación de video que acerca cada vez más al sujeto. Viene con diferentes filtros que producen diversos efectos como fuego, corazón y otro. Puede ser muy divertido jugar con ellos.

• **Manos Libres**: Esta opción funciona como un temporizador en una cámara. Úsalo cuando quieras que grabe por ti, pero asegúrate de que el sujeto esté listo y que tu teléfono esté en un lugar estable como un trípode.

- **Reels**: Esta opción te permite tomar pequeños videos cortos que puedes juntar. Puedes agregar música y filtros.

Cómo Ver Las Historias De Instagram

Todas las Historias de Instagram aparecen en la parte superior de la pantalla cuando estás en la aplicación móvil. Están posicionados de tal manera que los usuarios deben verlos primero, lo que significa que obtienen un montón de participación. Es por eso que hacer más Historias de Instagram puede ayudar a hacer crecer tus seguidores rápidamente. Para ver la Historia de alguien, debes abrir tu aplicación y tocar el ícono de inicio en la esquina inferior izquierda de tu pantalla. Una vez allí, verás una serie de iconos circulares en la parte superior, cada uno de los cuales representa las Historias activas publicadas por los usuarios que sigues. Toca el icono circular para ver la historia de un usuario. Una sola Historia puede contener numerosas fotos y videos individuales agrupados en el orden en que se publicaron, comenzando por el más reciente. Desliza el dedo hacia la izquierda o hacia la derecha para navegar entre Historias de diferentes usuarios. Si estás viendo un anuncio, deslizar el dedo hacia arriba te permitirá dirigirte al enlace que el usuario quiere que veas.

El Mejor Contenido Para Historias De Instagram

#1. Explicación o demostración de producto.

No es necesario tener el producto más sexy o simple para que esto funcione. Con un poco de creatividad y personalidad, puedes crear videos cortos y extravagantes que demuestren tu producto. Instagram es el formato perfecto para mostrar a los clientes potenciales cómo se usa tu producto y los beneficios. Crea un video segmentado en clips de 15 segundos para guiar a los usuarios a través de tu producto o incluso un servicio que ofreces y mostrarles cómo pueden mejorar sus vidas. Si el humor es lo tuyo, agrega algunas dosis de eso también.

#2. Saluda a otras empresas o influencers.

Esta es una excelente manera de fomentar pasivamente las relaciones con los usuarios que más le importan a tu marca. Puedes crear historias sobre un producto que usas con el que te encantaría asociarte o elogiar a un influencer por su última opinión si deseas promover a ese influencer a tu audiencia para que eventualmente puedas construir una conexión mutuamente beneficiosa. También puedes crear menciones para ciertos clientes (con su permiso). Esto los animará a promocionar tu cuenta porque a todos les gusta ser elogiados en las redes sociales.

#3. Vista previa de tus blogs o Vlogs.

Si actualmente estás escribiendo en un blog en tu sitio web o haciendo Vlogs en YouTube, esta es una excelente manera de darle más exposición a tu contenido. Puedes ayudar a los usuarios de Instagram a descubrir tu increíble contenido por primera vez. He visto a Google hacer esto en su Feed mediante el cual obtienen una vista previa de un artículo en su Historia de Instagram. Al final de la Historia, Google te solicita que deslices el dedo hacia arriba donde se le envía al enlace con la publicación completa del blog.

#4. Comparte 'un día en la vida de'.

Esto es algo que he visto hacer a muchos Instagrammers en algún momento de su viaje. Documentan durante toda una jornada cómo pasan el día, dónde trabajan, cómo es ser Instagrammer, etc. A la gente le encanta ver este tipo de Historias. Deberás planificarlo de antemano y averiguar cómo lo vas a segmentar y los diferentes aspectos de tu día que puedes compartir. Puede ser muy divertido y crea una fuerte conexión con tu audiencia.

#5. Promociona un evento.

Puedes crear una serie que promocione un próximo evento que estés organizando en línea o fuera de línea. También puedes promover una conferencia o seminario al que asistirás, incluso si no eres el anfitrión. A la gente le encanta ver a dónde vas y a la gente cool que conoces. Esto también es beneficioso para ti porque si agregas los hashtags del evento, tus Historias pueden ser descubiertas por los asistentes al evento, lo que le da a tu perfil más exposición y nuevos seguidores. Cuando promociones un evento, recuerda siempre agregar el nombre del evento y el hashtag oficial.

Trucos Y Trucos Para Tus Historias De Instagram

- **Agrega los colores y fuentes de tu marca a tus Historias.**

Hay un montón de fuentes divertidas y es genial jugar con diferentes colores y fuentes. Pero si deseas capacitar a tu audiencia para que reconozca tu marca, es vital que te concentres más en usar las fuentes y marcas que elegiste anteriormente en este libro. Para tener tus propias fuentes personalizadas, deberás descargar la aplicación a través del móvil. Una vez que la descargues, coloca el archivo fonts.OFT en tu dispositivo móvil. Sigue las sencillas instrucciones que se indican a continuación y, una vez que hayas terminado, podrás incorporar fuentes de marca en tus Historias.

- **Convierte fotos en vivo en Boomerangs.**

Puedes convertir una foto en vivo en un Boomerang, pero la imagen en vivo debe tomarse dentro de las últimas 24 horas. Para hacer esto, simplemente abre Historias de Instagram, desliza hacia arriba y elige una foto en vivo de la lista de tu cámara. Una vez que encuentres la imagen que deseas, presiona firmemente en la pantalla durante unos segundos hasta que veas aparecer brevemente la palabra "Boomerang". ¡Y ya está! Acabas de crear un nuevo Boomerang que puedes compartir.

- **Copia una foto de tu carrete de Cámara.**

Al presionar la opción "Copiar" de una imagen en el carrete de tu cámara y agregarla a una historia de Instagram que estás creando, puedes agregar una foto adicional de Gif siempre que estés usando la opción "Crear" de tus Historias de Instagram. Hace tu publicación más divertida, así que diviértete con esto.

- **Haz seguimiento a los mejores.**

Es esencial realizar un seguimiento del contenido que genera la mayor participación, especialmente los que se comparten. Desafortunadamente, no encontrarás estos datos en la sección de información habitual. En su lugar, debes tocar la elipsis en la esquina superior derecha de una publicación para abrir un menú con la opción "Ver Historias compartidas". Esto te mostrará todas las publicaciones actuales que se están compartiendo. Si no ves nada, es probable que no se comparta ninguno. Al promocionar un evento o una venta, este truco en particular es útil porque te ayuda a obtener contenido generado por el usuario y le muestra cómo reacciona la gente.

IGTV

Desde su lanzamiento en 2018, IGTV (Instagram TV) ha ganado impulso y popularidad entre los creadores de contenido. Al principio, solo admitía videos verticales, pero hoy puede admitir videos verticales y horizontales de hasta diez minutos de duración para cuentas normales. Las cuentas certificadas (con la marca azul) obtienen aún más tiempo de reproducción en IGTV.

Como principiante, puedes usar esos diez minutos para crear contenido increíble que pueda aumentar tus niveles de participación, especialmente con la planificación de contenido adecuada. Los videos de IGTV también se pueden previsualizar directamente desde el Feed de tu perfil principal, lo que facilita que los seguidores nuevos o existentes vean tus videos. Deberás activar la palanca que habilita esta funcionalidad antes de publicar el video en IGTV. Tú y tu audiencia pueden ver videos de IGTV en la aplicación de Instagram, en la aplicación de IGTV independiente o haciendo clic en el ícono de IGTV accesible en la página de exploración/descubrimiento. También puedes hacer clic en el botón IGTV en tu perfil o en el perfil de Instagram de otra persona. Cuando publiques un nuevo video IGTV, tus seguidores recibirán una notificación en la aplicación nativa de Instagram.

Cómo Configurar Tu IGTV

Siempre que tengas una cuenta de Instagram, puedes iniciar inmediatamente tu TV de Instagram porque la función ahora está completamente integrada en su plataforma principal. Para cargar un video IGTV, que puede durar un máximo de diez minutos, abre la aplicación Instagram y toca el ícono de búsqueda (parece una lupa) en la parte inferior de la pantalla. Esto te llevará a la página de descubrimiento, donde verás el ícono de IGTV justo al lado del ícono de la tienda. Haz clic en el ícono de IGTV y eso te llevará a una nueva área dedicada específicamente al contenido de IGTV. Verás un icono (+) en la esquina superior derecha, al hacer clic, abrirá tu biblioteca de videos. Elije el video que deseas cargar, luego haz clic en "Siguiente". Aquí puedes agregar una portada cargando una prefabricada de tu galería o simplemente siguiendo la predeterminada que la aplicación genera automáticamente. Haz clic en "Siguiente" y agrega un título y una descripción. Aquí también es donde puedes activar la capacidad de publicar una vista previa en tu Feed y perfil. También puedes hacerlo visible en Facebook si has vinculado tus cuentas.

Si el video es parte de una serie de contenido que estás creando, IGTV te brinda la capacidad de agruparlos en una serie que la gente puede ver cronológicamente. Esto es maravilloso para contenido educativo y tutoriales prácticos. Una vez que estés listo para publicar, haz clic en publicar y espera unos minutos para que el video se distribuya en la plataforma.

El mejor formato de archivo en IGTV es siempre MP4 con una duración de video de entre 1 y 10 minutos. La duración máxima que puede cargar si tu cuenta califica es 1 hora. Elije una relación de aspecto vertical de 9:16 o una relación de aspecto horizontal de 16: 9. La resolución mínima recomendada es de 720 píxeles y una velocidad de cuadro mínima de 30 por segundo. El mejor tamaño de foto de portada es una proporción de 1: 1,55 o 420 px por 654 px. Cuando se trata del tamaño de archivo para videos de 10 minutos o menos, Instagram recomienda un máximo de 650 MB. Para videos de hasta 60 minutos de duración, el tamaño máximo de archivo nunca debe exceder los 3.6GB.

Tipos De Contenido Que Funcionan Bien En IGTV

- **Videos tutoriales.**

Los videos instructivos que cubren una variedad de temas en tu nicho pueden generar una gran participación. Por ejemplo, si eres un influencer del fitness, puedes crear una serie centrada en entrenamientos en casa sin equipo.

- **Contenidos educativos.**

Puedes crear contenido educativo divertido y colorido que enseñe a tu audiencia sobre algo relevante para ellos. Inspírate en IGTV de Bulletproof. Hacen videos que explican sus ingredientes, cómo los obtienen y algunos de los términos más técnicos utilizados en sus productos. Incluso si no eres una gran empresa de suplementos como Bulletproof, aún puedes crear algo atractivo utilizando presentaciones de diapositivas bien diseñadas para educar a tu audiencia.

- **Contenido de exhibición y detrás de escena.**

Una gran inspiración que definitivamente puedes ver para exhibir bienes raíces es con Rob Report.

Publican regularmente videos que muestran listados increíbles. Puedes dar a las personas un recorrido completo por la casa si se encuentra en una inmobiliaria. También puedes darle a la gente una mirada detrás de escena si trabajas en un estudio o tienes algo funcionando en segundo plano que tu audiencia generalmente no puede ver.

Lo más importante que debes recordar es que necesitas crear contenido que se adapte a tu marca y enriquezca la vida de tu audiencia. Profundiza en tu contenido, se creativo y concéntrate en agregar valor.

Consejos Para Hacer De Tu IGTV Un Éxito

- **Concéntrate en la calidad.**

Aunque es necesario crear una gran cantidad de contenido de manera constante, creo que es mejor crear contenido de buena calidad y atractivo que volúmenes masivos de contenido sin sentido. Juega el juego largo y deja que tu audiencia aprenda a confiar en tu calidad y el esfuerzo que pones en estos videos. Eso generará más participación a medida que tu cuenta crezca.

- **Diseña cubiertas personalizadas claras.**

Invierte algo de tiempo en crear cubiertas personalizadas que sean claras y comuniquen el mensaje principal. El tamaño de cubierta óptimo, como se mencionó anteriormente, es de 420 por 654 píxeles. Usa una herramienta como Canva, que ya viene con plantillas prefabricadas y gráficos de tamaño adecuado con los que puedes conectar y jugar fácilmente.

- **Agrega un enlace a tu video IGTV.**

Instagram ha agregado muchas funciones nuevas desde 2010, pero las URL siguen siendo una lucha para nosotros, ya que no hay muchos lugares para agregar un enlace a menos que tengas muchos seguidores. Afortunadamente, IGTV te permite insertar un enlace en el que se puede hacer clic en la descripción del video. Puedes vincular a un sitio web, un obsequio o tu tienda, así que aprovecha esta función.

- **Graba Videos.**

Grabar tus videos en Instagram es bastante sencillo. Abre tu aplicación de Instagram y dirígete a la esquina superior izquierda de la pantalla, donde deberías ver el icono de Cámara (+). Para cargar un video de la biblioteca de tu teléfono, selecciona el video que te gustaría compartir. Si deseas grabar sobre la marcha, toca el ícono de la cámara sobre la biblioteca de tu teléfono, luego toca y mantén presionado el ícono circular de grabación. Levanta el dedo para detener la grabación.

Al igual que para tomar excelentes fotografías, debes concentrarte en tener una excelente iluminación si deseas grabar videos de calidad. Concéntrate en un sujeto tanto como puedas y mantén la toma estable. Considera usar un trípode o unos libros. Instagram ahora acepta videos verticales y horizontales. Aun así, para los principiantes siempre recomiendo grabar en panorama a menos que sea para videos de Historias de Instagram.

- **Antes de publicar.**

Ahora que tienes tu video listo para compartir con el mundo, te recomiendo agregar un poco de estilo a través de la edición para que destaque. Hay algunas aplicaciones útiles que puedes usar incluso si eres un completo aficionado.

- **Boomerang.**

La función boomerang viene incorporada en la aplicación y le permite crear videos pequeños, casi como GIF. Puede ser una forma rápida y divertida de crear un video sobre la marcha.

- **A Color Story.**

Esta aplicación funciona tanto para iOS como para Android y se trata de filtros. Hay más de trescientos filtros, tanto gratuitos como pagos. Mejora rápidamente el color y la estética de tus videos y guarda tus ediciones como filtros para que puedas aplicar el mismo aspecto a los otros videos.

- **Animoto.**

Esta aplicación funciona tanto con iOS como con Android y se enfoca más en crear presentaciones de diapositivas épicas. Si tienes varias fotos o videos que deseas juntar, este es el camino a seguir. La versión gratuita funciona para crear videos de hasta diez minutos.

- **Inshot.**

Esta aplicación de edición de video se considera una de las mejores. Recorta clips, cambia la velocidad del metraje, agrega filtros y textos, acerca y aleja e incluso te permite incorporar tu propia música. La interfaz es muy sencilla de usar. Casi cualquier persona puede convertir rápidamente su video en algo que se destaque en Instagram.

Transmisión En Vivo En Instagram

Puedes hacer hasta una hora de transmisión de video en vivo en Instagram. Una vez que finaliza la transmisión, puedes compartir la repetición en tu IGTV o ponerla en Archivo Live para compartirla más tarde.

Para transmitir en vivo, toca el ícono de la cámara en la parte superior izquierda de tu Feed y desplázate hasta En vivo en la parte inferior de la pantalla. Luego toca el ícono de grabar. Si tienes espectadores que se unen en vivo, deberías ver el recuento de números en la parte superior de la pantalla. Tus espectadores pueden interactuar contigo durante la transmisión. Todos los comentarios aparecen en la parte inferior de la pantalla, y si deseas agregar tu comentario, Instagram tiene esa función incluida; simplemente tocas el ícono "Comentar". Si deseas fijar un comentario en particular, como un enlace para tu llamado a la acción, toca ese comentario y luego "Fijar Comentario" para que todos los espectadores puedan verlo más fácilmente. Al final de la transmisión en vivo, recuerda tocar "Finalizar" en la esquina superior derecha y luego toca el icono de descarga en la esquina superior izquierda si deseas guardarlo en el carrete de tu cámara o compartirlo en IGTV.

Reels

Los Reels son una nueva forma de crear y descubrir videos cortos y entretenidos en Instagram. Puedes grabar y editar videos de varios clips de 15 segundos con efectos de audio y mucho más y luego compartirlos con sus seguidores y con toda la comunidad de Instagram porque aparecen en la página Explorar. Para las cuentas comerciales, los Reels son una nueva forma fantástica de ser descubierto por nuevos usuarios. Si usas sonidos y hashtags originales, existe la posibilidad de que te vuelvas viral si a la gente le gustan los efectos en tu Reels. Los usuarios también tienen la capacidad de usar tu audio cuando seleccionan "Usar Audio" en tu Reels.

Puedes publicar tu Reels en el Feed de tu perfil habitual donde permanecerá visible, o puedes crear un Reels de Historia que desaparecerá después de 24 horas.

Dado que esta es una de las características más nuevas que Instagram agregó a fines de 2020, espero que brinden a los creadores de contenido con grandes Reels mucho más alcance para promover esta función, así que se creativo y comienza a hacer los tuyos.

Para hacer tu primer Reels, haz clic en el ícono "Reels de Película" que ahora aparece en la parte inferior de la pantalla. Aquí tendrás varias herramientas de edición que incluyen audio, efectos AR, temporizador y cuenta regresiva, alineación y velocidad.

Efectos AR: Obtienes una gran cantidad de efectos para elegir hechos por Instagram y creadores de todo el mundo.

Audio: Abre una biblioteca de música. Aquí puedes elegir entre una de las pistas preexistentes o utilizar tu propio audio original.

Alinear: Alinea los objetos de tu clip anterior antes de grabar tu próximo clip de esa manera, puedes tener una transición perfecta.

Temporizador y Cuenta Regresiva: Configura un temporizador para que puedas grabar cualquiera de tus clips con las manos libres.

Si Instagram ama tu Reels, pueden realzarlo con una etiqueta de "Destacado", lo que atraerá una atención masiva en toda la plataforma, lo cual se convierte en una forma increíble de atraer más tráfico a tu perfil y marca.

SECCIÓN 04: GESTIÓN DE TU CUENTA DE INSTAGRAM

Capítulo 9 - Las Mejores Prácticas Para Administrar Una Cuenta De Instagram

Ahora que tu cuenta está en funcionamiento, tu trabajo es mantenerla hasta que tengas suficiente impulso para crear un efecto de bola de nieve. ¿Has oído hablar de Instagrammers que hablan del éxito de la noche a la mañana con sus cuentas? Lo más probable es que hayan sido realmente consistentes durante un período de tiempo prolongado, y luego, un día, todo ese esfuerzo se convirtió en una bola de nieve en resultados espectaculares. Por lo tanto, el objetivo principal, una vez que esté en funcionamiento, es crear estructuras que te permitan seguir atrayendo nuevos clientes.

Para hacer esto, necesitas una herramienta que pueda ayudarte a analizar tu éxito, aprender más sobre tu audiencia y repetir más de lo que está funcionando. Si bien muchas herramientas de escucha social te brindan todos estos datos, por ejemplo, Iconosquare y Socialbakers, no dudes en comenzar poco a poco si no tienes el presupuesto.

Desarrolla Una Lista Diaria De Tareas Pendientes

Ya sea que estés haciendo esto a tiempo completo o como un ajetreo secundario después del trabajo, necesitas una lista diaria de las cosas que debes hacer para garantizar el crecimiento de tu cuenta y marca. Ten siempre un calendario de contenido para trabajar para que puedas saber qué contenido crear y publicar. Te animo a que tengas días programados para la creación de contenido y otros días para la participación de la comunidad. Si estás utilizando herramientas de programación como Buffer o Later para enviar contenido, esto te ahorrará tiempo para que puedas invertirlo en otra parte, como crear más contenido o editar tus videos.

No hagas que tu lista de tareas diarias sea imposible de lograr. Una lista de tres cosas que se hacen a diario y de manera eficiente producirá mejores resultados que tener demasiado que hacer, lo que lleva a la procrastinación.

Por ejemplo, puedes tener la tarea diaria de invertir 30 minutos explorando cuentas que publiquen los mismos hashtags que tú usas para poder desarrollar esa conexión. También puedes crear una pieza de contenido a diario. Sin embargo, tú eliges organizarte a ti mismo, asegúrate de que no sea abrumador y de que puedas hacerlo en función del compromiso de tiempo que te das. Reflexiona sobre tu estilo de vida actual antes de determinar tu lista diaria.

Analiza Tu Instagram

Si deseas hacer crecer tu marca y tu cuenta, tendrás que realizar un seguimiento y medir todo.

Esa es la única forma de saber qué funciona y qué no. Afortunadamente, Instagram ya ofrece esos datos para cada publicación en la pestaña "Insights". Ve al panel principal de tu perfil y verás tres pestañas (Contacto de Promociones Insights). Al hacer clic en Insights, puedes navegar instantáneamente entre un resumen o una vista en profundidad de tu cuenta para ver el rendimiento, las interacciones de contenido y los seguidores. Puedes ver los últimos 7 días y el desglose del contenido que compartiste en el Feed, IGTV e Historias.

Supón que estás trabajando en una campaña con un objetivo específico. En ese caso, te sugiero que hagas algunas pruebas A/B para averiguar qué funciona mejor para que puedas ajustar tu estrategia. Algunas cosas a tener en cuenta al ejecutar pruebas A/B es que debes elegir un solo elemento para probar. Entonces puede ser una imagen, título, hashtag, etc. No pruebes varias cosas al mismo tiempo. Crea una variación basada en el mismo contenido, excepto por ese único elemento que se está probando y luego rastrea y analiza los resultados de cada publicación. El que funciona mejor es del cual deberías crear más. Si deseas experimentar y optimizar más allá, puedes tomar el contenido ganador y ajustar otro elemento nuevo, luego probar para encontrar un nuevo ganador. Enjuaga y repite esta fórmula. Ten una hoja de cálculo donde recopiles todos estos datos si deseas obtener resultados óptimos.

Lidia Con Los Haters

No nos engañemos; a medida que tu marca y tus cuentas de Instagram continúan creciendo con fanáticos entusiastas, también te encontrarás con muchos más enemigos. Los trolls de Internet abundan y esperan ansiosamente tu debut. Muchas personas tienen más coraje para odiar a las personas mientras se esconden detrás de una computadora y nombres de usuario falsos. Así que ten cuidado, el éxito que te espera también traerá consigo algunos de estos desagradables trolls que disfrutan criticando y odiando todo tu arduo trabajo. A veces puede resultar muy desalentador encontrar un comentario cruel en tu Feed, así que, ¿cómo lidias con esto?

#1: Recuerda que estos son solo acosadores inseguros.

Incluso en la escuela, las personas a las que les gusta herir a los demás suelen proyectar sus heridas e inseguridades personales. Piensa en los trolls de la misma manera. El hecho de que alguien haya consumido tu contenido y se haya tomado el tiempo para dejar un comentario cruel significa que debes haber tenido algún impacto en ellos. Pero debido a sus inseguridades, no pudieron expresarse de la manera correcta, por lo que desencadenó un nervio. Ese hater solo te está mostrando cuánto desearía tener o podría hacer lo que acabas de demostrar. Tenlo en cuenta la próxima vez que encuentres un comentario cruel y, en lugar de arremeter, sigue desplazándote y prestando atención a tus fans.

#2: Deja que tus fanáticos se encarguen de los haters.

Si ya tienes una comunidad comprometida con seguidores activos que aman tu contenido, simplemente entrega tus trolls a tu tribu y observa cómo se los comen vivos. He visto esto mucho con personas como Gary Vee o Grant Cardone, que a menudo tienen enemigos. ¿Qué hacen? Los dirigen a su comunidad y en cuanto a sus aportes. La reacción suele ser masiva ya que sus fans atacan al troll y casi lo entierran en defensa de su amado gurú. Es posible que todavía no tengas tanta influencia, pero es algo que esperamos con ansias.

#3: Regrésales amabilidad.

Si eres una persona espiritual o religiosa, entonces esto debería tener sentido. La bondad dada a alguien que no la merece puede ser muy liberadora para quien la da. No siempre es fácil, pero si encuentras en ti responder con una palabra amable, te animo a que lo hagas. No lo finjas ni lo fuerces. Debe provenir de un lugar de auténtica bondad y compasión. Desarrollar el entendimiento de que los seres humanos son inherentemente buenos. A algunos de nosotros simplemente nos criaron mal o hemos soportado demasiados días malos.

Cómo evitar ser baneado y qué hacer si Instagram te haga un shadowban.

A medida que crece tu cuenta, es posible que experimentes problemas con el alcance de tu contenido por varias razones. Instagram cambia constantemente su algoritmo, por lo que es fundamental seguir revisando sus términos y nuevas actualizaciones. Siempre y cuando evites hacer cosas que podrían hacer que te baneen, como usar en exceso hashtags, comprar seguidores y usar bots, deberías estar bien. Sin embargo, si todavía crees que tu contenido no está obteniendo el alcance que se merece, podría ser que Instagram te esté manteniendo en la sombra. Aunque no admiten abiertamente haber hecho esto, publicaron un informe que indica que algunas cuentas comerciales informaron el problema y recomiendan centrarse en publicar contenido excelente en lugar de rellenar con hashtags. Según Instagram, la mejor manera de crecer y hacer que tu contenido sea visto por más personas que no te siguen es crear algo reflexivo y atractivo para la comunidad de Instagram. No se trata de intentar manipular el sistema.

Dicho esto, si quieres estar seguro de que Instagram no te está dejando en las sombras, aquí tienes una prueba simple. Publica contenido con un solo hashtag que no se usa con frecuencia. No vayas por algo con millones de seguidores porque no sabrás si tu contenido está prohibido u oculto por la competencia. Una vez publicado, haz que cinco personas que no te sigan busquen el hashtag. Si ninguno de ellos ve tu publicación en esos resultados, es probable que hayas sido excluido.

Ahora, la razón principal por la que puedes ser baneado, como acabo de mencionar, se debe a las tácticas que has estado usando para hacer crecer la cuenta. Instagram desaprueba las herramientas que reducen tu tiempo para crecer, como los bots, así que revisa lo que estás usando actualmente. Si estás usando algo que Instagram considera spam, detenlo inmediatamente. La otra razón podría ser que estás usando hashtags en exceso o que estás usando hashtags rotos que no son relevantes para tu tema. También puede ser que los usuarios denuncien tu cuenta como spam o inapropiada varias veces. Esto podría llevar a que Instagram deshabilite tu cuenta o le haga un shadowbanning. Es por eso que he insistido en apuntar a una audiencia lo suficientemente limitada como para que puedas estar seguro de que se preocupan por tu contenido y temas.

Un último consejo que puedo darte es que revises regularmente la lista de hashtags prohibidos para asegurarte de que lo que usas se alinea con los términos de uso de Instagram. La mejor manera de averiguar qué hashtags están prohibidos es ir a la pestaña "Explorar" y buscar el hashtag. Si no aparece nada, es probable que esté prohibido temporalmente o para siempre. También puedes consultar la página de hashtags de Instagram, donde publican nuevas actualizaciones. Ejemplos de hashtags prohibidos que nunca debes usar incluyen #assday #curvygirls #petitie #alone #bikinibody #date #dating #humpday #killingit #kissing #mustfollow #pornfood #singlelife #stranger #shit #teens #thighs #undies etc.

Herramientas Para Administrar Tu Cuenta

Algunas de las herramientas que necesitarás para administrar tu cuenta ya se han mencionado. Una herramienta como Instagram Insights, que viene incorporada siempre que tengsa una cuenta comercial, es excelente. Si prefieres una herramienta de terceros que sea fácil de usar, puedes optar por Later, Hootsuite o Buffer, todas las cuales tienen versiones gratuitas y de pago. Sin embargo, si deseas explorar más herramientas analíticas, considera obtener Iconosquare (se especializa en monitoreo social), Crowdfire (se especializa en curación de contenido), Pixlee (para informes sociales), Union Metrics (para análisis de hashtags, Socialbakers (para análisis competitivo) especialmente si deseas comparar el rendimiento de tu cuenta en relación con tus colegas en el mismo nicho.

Capítulo 10: Ganar Seguidores

Para sacar el máximo partido a tu Instagram y alcanzar tus objetivos comerciales, ganar seguidores es el factor principal. Si no captas la atención y la conviertes en seguidores, fans y compradores, todo este esfuerzo es en vano. Instagram es una plataforma social en la que necesitas mostrarle a la gente que eres un ser humano real que se preocupa por interactuar con los demás. Debes permanecer activo fuera de los horarios de publicación establecidos. También necesitas seguir a otras personas si quieres que otros te sigan. Hoy en día, no es suficiente publicar contenido y usar hashtags, por lo que estas son las diversas formas en que puedes obtener personas reales que se preocupan por tu marca e interactúan con ella.

- **Da Me Gusta Y Comenta En Las Mejores Cuentas**

Esta es una de las formas más efectivas de generar compromiso en tu cuenta y hacer que nuevas personas descubran tu marca. Requiere una inversión de tiempo porque necesitas encontrar e interactuar con cuentas con las que crees que tus usuarios también interactúan. Aplica todo lo que has aprendido hasta ahora y no será muy difícil saber con qué cuentas interactuar. Por ejemplo, si hay un hashtag que tus usuarios suelen buscar, puedes visitarlo a diario para encontrar las publicaciones mejor clasificadas y dejar un comentario sobre el contenido que más te resuena. Eso puede hacer que el propietario de la cuenta y los otros usuarios accedan a tu cuenta y también les guste tu contenido. Es una forma natural de crear reciprocidad y podría generar nuevos seguidores, especialmente si te fijas en los hashtags correctos.

- **Responde A Los Comentarios**

Esto debería ser de sentido común, pero desafortunadamente, el sentido común no siempre es una práctica común. Responde siempre a todos los comentarios de tu publicación. Cuantas más personas vean que interactúas con los usuarios que se toman el tiempo para comentar tus publicaciones, es más probable que también interactúen contigo porque ven que realmente te preocupas por socializar. Sé que es fácil encontrar grandes marcas con muchos comentarios a los que nunca responden, pero no uses eso como una política estándar para tu marca si quieres ganar seguidores. La interacción social de persona a persona es de lo que se trata Instagram. Hasta que seas demasiado grande con demasiados seguidores a los que responder, tómate un tiempo todos los días para responder en la sección de comentarios.

- **Responde A Mensajes Directos**

Además de responder a las personas cuando dejan un comentario, también debes responder a cualquier DM (mensaje directo) que llegue a tu bandeja de entrada de Instagram. Aunque el público no ve esta interacción, puede ayudar a aumentar la credibilidad de tu marca. Otro buen truco es iniciar la comunicación a través de mensajes directos. Hazle saber a las personas en tus Historias o Feed con regularidad que normalmente ofreces algunos beneficios a través de mensajes directos. Eso animará a las personas a querer seguirte e interactuar contigo de esta forma personalizada.

• Contenidos Generados Por El Usuario

Este tipo de contenido es creado por clientes y fans existentes. Pueden crear menciones para ti o videos cortos que demuestren o expliquen cómo han utilizado y se han beneficiado de tu producto o servicio. Este tipo de contenido es absolutamente fenomenal porque se vende por ti. A la gente le encanta tener la seguridad de que la compra de su producto está libre de riesgos y que mejorará sus vidas. Cuanto más contenido de este tipo puedas enviar a la plataforma, es más probable que atraiga a compradores potenciales que, por supuesto, seguirán e interactuarán más intensamente con tu marca.

• Realiza Un Concurso En Instagram

Los sorteos y concursos son enormes en Instagram y pueden ser una gran fuente de adquisición de seguidores. Planifícalo bien y establece los criterios para participar etiquetando a un amigo. Es probable que veas un aumento en el recuento de seguidores. Solo asegúrate de que la recompensa sea lo suficientemente emocionante para los seguidores existentes y potenciales que deseas atraer.

- **Colabora Con Influencers**

Esta es una estrategia que utilicé hace años e hizo crecer mi cuenta de la noche a la mañana. Sé que no soy el único que ha tenido éxito aprovechando influencers. El truco consiste en construir una relación sólida con el influencer adecuado. Si trabajas con el influencer adecuado y elaboras una estrategia de beneficio mutuo, obtener esa exposición a su audiencia conducirá a un aumento en la cantidad de seguidores que eligen continuar consumiendo tu contenido. Lo más importante es crear contenido de alto valor y construir una conexión real tanto con el influencer como con su audiencia.

- **Obtén La Marca Azul; Conocida Como Insignia De Verificación**

Ser verificado por Instagram puede ayudarte a ganar más seguidores porque cuando las personas ven esa marca azul junto a tu nombre, automáticamente les hace asumir que eres alguien importante. A la gente siempre le encanta seguir cuentas de aspecto importante. Aunque cualquiera puede solicitar la insignia, existen requisitos específicos que exige Instagram. Sugiero leer sus términos antes de realizar la solicitud. Si crees que calificas, abre tu aplicación de Instagram, toca tu foto de perfil en la parte inferior derecha para ir a tu perfil. Haz clic en las tres barras paralelas en la parte superior derecha, luego toca Configuración. Toca Cuenta, luego Solicitar Verificación. Deberás proporcionar tus datos, incluido tu nombre completo y alguna forma de identificación.

Tener esta insignia de verificación aumentará exponencialmente la cantidad de seguidores porque se te considerará autorizado y de interés periodístico. Sin embargo, no te recomiendo que intentes solicitarlo hasta que obtengas 5,000 seguidores.

- **Promociona Tu Cuenta**

Es hora de pensar fuera de la caja de Instagram para que puedas atraer más seguidores a tu marca. Considera aprovechar otras redes sociales como Facebook, YouTube, Twitter, Pinterest y LinkedIn para atraer tráfico a tu perfil de Instagram. También puedes incluir tu icono de Instagram en el pie de página de tus correos electrónicos o como parte de tu firma y pedirle a la gente que se conecte contigo allí. Si tienes un blog o un sitio web, considera incrustar tu Feed de Instagram para atraer a esa audiencia a unirse a ti en Instagram. Hay complementos gratuitos como Smash Balloon que facilitan la adición de un widget incluso si no eres experto en tecnología. Se creativo con esto y con la forma en que eliges promover y reutilizar tu contenido en la web.

Capítulo 11: Uso De Instagram Para Negocios

Con una cuenta comercial de Instagram, no solo tienes acceso a información sobre la audiencia, sino que también puedes realizar muchos negocios para generar ventas. Instagram acaba de integrar la pestaña "Tienda Instagram" en toda la plataforma, lo que hace que sea más fácil y rápido que nunca para tus seguidores convertirse en clientes compradores. Puedes acceder a la tienda desde el Feed de tu perfil principal haciendo clic en tu foto de perfil. Es una de las tres pestañas principales que se encuentran junto a Promociones e información. Aquí puedes etiquetar productos en tus publicaciones o Historias, exhibir tus productos de una manera personalizable creando tu propio escaparate e incluso obtener información sobre el rendimiento de tu tienda.

A continuación, se incluyen algunos consejos útiles para asegurarse de aprovechar al máximo tu cuenta comercial:

- **Aprovecha Las Nuevas Funciones**

Agrega una Tienda a tu perfil de Instagram y también incluye información de contacto, categoría y algunas llamadas a la acción para que los usuarios puedan conocer tu oferta, cómo obtenerla y cómo conectarse contigo.

- **Crea Guías De Instagram**

Dependiendo del nicho al que sirvas, puedes crear guías motivacionales utilizando publicaciones, guías de productos para mostrar tus mejores ofertas (solo asegúrate que sean las que están incluidas en tu Tienda Instagram) e incluso puedes crear guías para tu ciudad para ofrecer recomendaciones útiles si tienes un negocio de ladrillo y cemento.

- **Vincula Tu Tienda A Tus Historias De Instagram**

Esta es también una nueva característica que te permite vincular tu tienda con cada historia de Instagram que crees. Hacer negocios nunca ha sido tan fácil, ya sea que vendas un producto o servicio.

- **Genera Expectativa Y Ofrece Ofertas Exclusivas A Través De Tus Historias De Instagram Y Transmisiones En Vivo**

Esta es una excelente manera de entusiasmar a tu audiencia con algo nuevo. También es una buena recompensa para tus nuevos seguidores. ¿Tienes un lead magnético que pueda conducir al último producto? ¿Por qué no ofrecerlo exclusivamente a todos los nuevos seguidores dentro de un plazo determinado? Crea vistas previas con Historias y fotos para que las personas sepan cómo pueden recibir tu obsequio y obtener tu última oferta.

- **Ejecuta Anuncios De Instagram**

Los anuncios de Instagram son contenido patrocinado que te permite llegar a una audiencia más amplia pagando a Facebook (la empresa matriz). Actualmente se encuentran entre las formas más baratas de publicidad online. Sin embargo, el retorno de la inversión puede ser enorme si tienes una estrategia sólida de anuncios pagos. Me gustan los anuncios de Instagram porque no necesitas un gran presupuesto para empezar. Con los anuncios de Historias, podrías gastar menos de $ 5 al día y generar mucho tráfico en tu perfil o página de destino. Todos los anuncios de Instagram tienen una etiqueta "Patrocinado". Puedes ejecutar anuncios de Historias, anuncios de fotos, anuncios de video, anuncios de Reeds, anuncios de colección, anuncios de exploración, anuncios de IGTV y anuncios de compras de Instagram. Cada tipo de anuncio funciona de manera diferente según tus objetivos comerciales. Lo más importante que debes saber es qué objetivo persigues y cuánto estás dispuesto a gastar.

¿Deberías Contratar A Un Administrador De Redes Sociales O Trabajar Con Una Agencia?

La mayoría de la gente asume que el marketing en redes sociales para empresas es tan fácil como las redes sociales para uso personal. Desafortunadamente, esto está lejos de la verdad. La comercialización de una marca en línea requiere disciplina, planificación y un conocimiento significativo de las mejores prácticas y tendencias. Ahí es donde entra un administrador de redes sociales. Él o ella recopila métricas sobre el rendimiento de la página, la participación y los seguidores, establece objetivos, se enfoca en la marca y el conocimiento de la marca, crea horarios de publicación, selecciona contenido que está en sintonía con la imagen de tu marca, optimiza el contenido para los motores de búsqueda, diseña campañas publicitarias, selecciona publicaciones para impulsar, publica anuncios, interactúa con seguidores y mucho más.

Existen pros y contras de subcontratar para tus redes sociales, ya sea que elijas contratar un profesional independiente o una agencia. La mejor parte de tener a alguien que te ayude a hacer crecer tu cuenta es que puedes concentrar tu energía en cosas más importantes. Algunos administradores y agencias de redes sociales cobran un premium por sus servicios, así que elije uno que funcione con tu presupuesto y alguien que brinde calidad.

Ventajas de contratar a un administrador de redes sociales

#1. Ahorrarás tiempo y evitarás la abrumadora frustración que experimentan muchos propietarios de negocios al aumentar su presencia en línea.

#2. Puedes aprovechar la experiencia y el conocimiento que tiene el administrador de redes sociales.

#3. Finalmente, obtendrás a alguien competente para crear una estrategia de redes sociales para ti que se alinee con tus objetivos comerciales.

Contras de contratar a un administrador de redes sociales

#1. La contratación de una red social puede oscilar entre $400 y miles por mes, dependiendo de la persona. Eso significa que debes tener un presupuesto asignado para esto.

#2. Un administrador de redes sociales generalmente tendrá un conocimiento limitado sobre tu nicho o el tema en el que deseas especializarte, por lo que deberás dedicar tiempo para capacitarlo para que lo represente bien.

Ventajas de contratar una agencia

#1. Tendrán las herramientas más avanzadas que mejoran su capacidad para hacer crecer y monetizar rápidamente tu audiencia.

#2. Vienen como un equipo completo, por lo que tendrán diferentes conjuntos de habilidades, todos trabajando para lograr el objetivo deseado.

#3. Obtendrás un mayor nivel de informes y análisis debido al proceso de la agencia.

#4. Aportan una vasta experiencia y aprendizajes de las estrategias de prueba en muchos clientes, lo que lleva a una rápida innovación de estrategia y menos ensayo y error.

Contras de contratar una agencia

#1. Los costos suelen ser más elevados.

#2. El tiempo de respuesta suele ser más lento, especialmente cuando se trata de la gestión de la comunidad, ya que el recurso no suele estar completamente dedicado a una cuenta.

#3. El control de calidad y apegarse a la voz e identidad de tu marca pueden convertirse en un problema, por lo que deberás desarrollar un buen proceso.

#4. Es posible que la agencia carezca de conocimientos específicos sobre la industria, lo que podría dañar la percepción y la autoridad de tu marca.

#5. Dada la alta tasa de rotación de las agencias, es probable que no tenga control sobre tu cuenta porque es posible que se le asignen diferentes administradores de cuenta a medida que las personas renuncian y llegan nuevas contrataciones. Eso podría crear inconsistencia y falta de claridad para tu Instagram.

Analiza los resultados

Ya sea que elijas hacerlo tú mismo o subcontratar alguna ayuda, recuerda siempre realizar un seguimiento de tu progreso utilizando las herramientas adecuadas.

SECCIÓN 05: MONETIZACIÓN DE TU INSTAGRAM

Capítulo 12: Ganar Dinero Con Instagram

En este capítulo, discutiremos las diversas formas en que puedes convertir seguidores y fanáticos entusiastas en clientes compradores para que puedas continuar haciendo crecer tu marca y alcanzar tus metas financieras. Si comenzaste tu cuenta de Instagram para ganar dinero, estas son las formas más fáciles de comenzar a obtener ingresos en Instagram.

Conviértete En Un Influencer De Instagram

Puedes unirte a las filas de influencers de Instagram altamente exitosos y bien pagados convirtiéndote en una figura de autoridad en el nicho que elijas. Empresas de todos los tamaños te pagarán por promocionar sus productos y servicios. Puedes ganar tanto dinero como quieras y la mejor parte es que estarás haciendo algo que te encanta. Lo más importante es crear primero una audiencia muy comprometida y ganar su confianza para que puedas influir en su comportamiento de compra.

Marketing De Afiliados

Esta es la forma más fácil y común de ganar dinero en Instagram. El marketing de afiliación consiste en promocionar el producto de alguien a través de un enlace y luego recibir una pequeña comisión por cada transacción exitosa. Puedes unirte a una de las oportunidades de afiliados más grandes, como ClickBank y Amazon Affiliates, o puedes asociarte con pequeñas empresas que tienen productos en los que crees. Si estás en el espacio del desarrollo personal o la pérdida de peso, hay cientos de productos a los que puedes afiliarte de nombres como Bob Proctor, Tony Robbins, entre otros.

Vende Productos Y Servicios

Estos pueden ser productos y servicios físicos, como tarjetas de béisbol antiguas o servicios de masajes en casa. ¡Pero esto no es todo! También puedes vender productos digitales y servicios en línea que tú crees. Piensa en libros electrónicos, cursos en línea, coaching virtual y demás. La mejor parte es que con estos servicios puedes quedarte con el 100% de las ganancias.

Conviértete En Consultor

A medida que crezca una audiencia de tamaño decente, puedes comenzar a ofrecer servicios de consultoría en redes sociales o incluso convertirte en un experto en Instagram que muestra a otros cómo hacer crecer sus cuentas rápidamente. Te recomiendo que siempre muestres a las personas o consultes en función de las experiencias que hayas tenido. Entonces, si eres un entrenador personal capacitado, entonces sí, puedes ofrecer servicios de consulta en línea y fuera de línea. Si has aumentado tu número de seguidores de cero a 10,000, entonces sí, brinda consultas en las redes sociales. Pero siempre asegúrate de que sea algo en lo que hayas adquirido dominio antes de colgar tu sombrero como consultor.

Vende Tus Fotos

Vender arte, fotos y otros elementos visuales se ha convertido en una tendencia masiva en Instagram. Si tienes talento y la gente adora tus fotos, ¿por qué no darles la opción de comprarlas para imprimirlas o para usarlas sin conexión?

Tengo una amiga con 20.000 seguidores y todo lo que hace es publicar fotos de sus bocetos. Recientemente, comenzó a ofrecer retratos personalizados por una tarifa, y la gente ha estado haciendo pedidos como loca. Actualmente, hay una lista de espera de tres meses o pedidos por adelantado. Esto ha llevado años construirlo, pero puedo asegurarte que el negocio está explotando más rápido de lo que ella puede manejar. Su producto es personalizado y de muy alta calidad, por lo que está cobrando precios superiores. Aun así, la gente acude en masa a su DM todos los días con solicitudes. Todo esto es para decirte que no importa cuán simple sea tu habilidad; puede ser que tomes fotos impresionantes de la naturaleza o que dibujes los mejores personajes de Manga. Instagram es el lugar perfecto para mostrar tus talentos y convertir seguidores en clientes compradores.

Conclusión

Has llegado hasta el final; felicitaciones por tu sólido compromiso de dominar el marketing de Instagram. Hemos cubierto mucho terreno y estás listo para sobrevivir y prosperar en la jungla de las redes sociales. Puede parecer mucho para asimilar de una vez, así que no lo leas como entretenimiento. En cambio, quiero que retrocedas y revises cada capítulo y los diferentes pasos de acción sugeridos, luego trabaja en cada paso antes de pasar al siguiente.

Ahora comprendes mejor cómo funciona Instagram, cómo elegir tu nicho e identificar tu audiencia ideal. También te mostré los conceptos básicos de la creación de marca, la configuración de tu cuenta de la manera correcta y la búsqueda de los hashtags adecuados.

Recuerda que, con Instagram, debes dominar los fundamentos antes de confiarte. Por lo tanto, asegúrate de mejorar tus imágenes, videos y subtítulos antes de buscar soluciones más avanzadas y sofisticadas para aumentar la participación.

Después de años de estar en Instagram, puedo asegurarte que será un ajetreo continuo, pero las recompensas valen la pena. Esta plataforma requiere experimentación y reinvención constantes porque se necesita mucho para captar la atención de los usuarios mientras se desplazan por tu Feed. Cuanto más fresco y atractivo sea tu contenido, más fácil será hacer crecer y escalar tu cuenta.

Las relaciones que construyes con influencers y tus seguidores son los resultados reales a los que debes aspirar. Con ese resultado seguirán todas las recompensas que deseas recibir, así que nunca desvíes tu atención de ese objetivo. Y cuando los contratiempos te pillen desprevenido o las cosas se pongan difíciles, especialmente durante el primer año, no te desesperes. Todos hemos pasado por estas dificultades.

Aunque este libro te guía a través de los fundamentos y te hace consciente de los puntos ciegos que usualmente hacen tropezar a las personas, no elimina todos los obstáculos en tu camino. El camino del espíritu empresarial está plagado de obstáculos, eso es solo parte del juego. Sin embargo, tienes en la mano un plan paso a paso que hará que ese viaje sea más llevadero y el éxito inevitable si te pones a trabajar.

Ahora que sabes exactamente lo que se necesita para convertir tu página de Instagram en una máquina de hacer dinero y una poderosa herramienta que te ayude a alcanzar todas tus metas, es hora de actuar y hacer tus sueños realidad.

— Para tu éxito en Instagram,

Brandon.

RECURSOS

McFadden, C. (2020, July 2). *A Chronological History of Social Media.* Interesting Engineering. https://interestingengineering.com/a-chronological-history-of-social-media

Patel, N. (2020, January 24). *How To Steal Your Competitor's Social Media Followers.* Neil Patel. https://neilpatel.com/blog/steal-your-competitions-followers/

Chieruzzi, M. (2018, June 26). *Creating, Running, & Managing Instagram Ads: The Step by Step Tutorial.* AdEspresso. https://adespresso.com/guides/instagram-ads/creating-managing-ads/

CPSIA information can be obtained
at www.ICGtesting.com
Printed in the USA
LVHW022252210222
711647LV00012B/455